돈

탐욕의 대상에서 사랑의 도구로

(주)죠이북스는 그리스도를 대신한 사신으로
문서를 통한 지상 명령 성취와 하나님 나라 확장을 위해 노력합니다.

돈: 탐욕의 대상에서 사랑의 도구로
© 2024 손성찬

이 도서는 시각장애인의 기독교 도서 보급을 위해 AL-소리도서관에 기증하여 데이지
파일로 제작됩니다.

돈

탐욕의 대상에서 사랑의 도구로

손성찬 지음

죠이북스

* 본문에 인용된 성경 구절은 개역개정 성경에서 인용하였고, 다른 역본에서
인용한 경우 표기하였습니다.

차 례

"도대체 좋은 설교는 무엇이고 어떻게 해야 하는가?"

이 시리즈는 이러한 제 고민에서 시작되었습니다. 사실 이런 본질적인 고민 이전에 목회자들이 현실적으로 해결해야 하는 눈앞의 고민은 "당장 돌아오는 주에는 무엇을, 그리고 어느 본문을 설교해야 하는가?"일 것입니다. 보통은 두 가지 방법 가운데 하나를 택하실 것입니다. 하나는 한 주제를 정하고 각기 다른 곳에서 본문들을 선정하여 전하는 시리즈 형식의 '주제 설교'이고, 다른 하나는 (일명 '강해 설교'라고 잘못 알려져 있는) 성경 각 권에 대한 '본문 연속 설교'입니다. 고민 끝에 저는 본문 연속 설교 방식을 택하여 최근까지 계속해 왔습니다. 본문 연속 설교 방식이 본문 자체를 강해하는 데 조금 더 집중시키고 성경 한 권을 수료한다는 느낌을 주기 때문이기도 하

돈: 탐욕의 대상에서 사랑의 도구로

고, 솔직히 말해서 제대로 전하기에는 주제 설교가 훨씬 어려운 작업이라고 생각했기 때문이기도 했습니다.

그런데 개척하고 보니, 제 설교가 교회 성도들의 신앙적 역량을 좌우하는 가늠자가 된다는 사실을 알게 되었습니다. 그러면서 언제부턴가 이러한 설교 방식의 한계를 느끼게 되었습니다. 무엇보다 본문 연속 설교의 약점인 '적용'에 대한 아쉬움이 마음에 걸렸습니다. 저희 교회 성도는 젊은이가 많은 편인데, 이들은 "오늘 들은 말씀을 내 일상에 어떻게 구체적으로 적용할 수 있을까?", 즉 'how to'에 대한 답을 갈망했습니다. 그러나 그동안 제가 고수한 본문 연속 설교 방식으로는 그 갈망을 채우는 데 한계가 있음을 자각한 것입니다.

그런 고민을 안고 사역해 오던 2022년 말, 본문 연속 설교가 끝나고 2023년까지 몇 주가 남은 상황이었습니다. 또 다른 성경의 연속 설교를 시작하기에는 애매하다고 느끼던 그때, 그간 고민만 하던 것을 실천하기로 결심했습니다. 성도들이 듣고 싶은 주제를 설문하여 그중 가장 많이 나온 주제로 설교를 진행하기로 마음먹은 것입니다. 그렇게 시작한 것이 이 시리즈의 첫 주제인 '돈'에 대한 시리즈 설교였습니다.

나름 도전이었지만 다행히 성도들에게서 좋은 피드백을 받았고, 그래서 이후로 본문 연속 설교와 주제 시리즈 설교를 교차로 진행하기로 마음먹었습니다. 그리고 계속해서 우리의 정체성을 드러내는 주제를 비롯하여 우리의 일상이나 신앙적 삶과 연결될 만한 주제를 선정하여 시리즈 설교를 진행하려고 마음먹었습니다. 이런 맥락에서 선정한 다음 주제는 '돈'과 더불어 우리의 정체성을 명징하게 드러내는 '시간'이었습니다. 그리고 이런 저의 전반적인 의도를 들은 죠이북스에서 '돈'을 다룬 책을 출간한 이후 다음 주제들도 책으로 출간하면 어떨지 제안해 주셨습니다. 이 제안에 저는 '도대체 왜?'라는 생각이 들어 처음에는 도리어 만류하였습니다.

이것은 놀라움과 기쁨의 반응이기도 했지만, 동시에 두려움도 섞여 있었습니다. 전문 신학자가 아닌 일선에서 목회하는 목사인 제 설교가, 그리고 아직 젊은 제 설교가 책으로 나와 공유된다는 것, 심지어 연속해서 출간된다는 것이 제게는 조금 두려운 일이었습니다. 조금 다른 시각으로 접근하려는 저의 미력한 성경 해석이 혹시나 전문 신학자들이 보기에 미흡하지 않을까 우려되었기 때문입니다. 그러나 출판사는 이 주제와 설교 내용이 젊은 그리스도인들에게 적합하고 좀 더 일상 친화적으로 신앙을 정리해 줄 메시지라고 읽고 이런 제안을 한 것이 아닐까 싶습니다. 그래서 그저 출판사의 안목과 도전(?)을 믿고 제안에 응낙했습니다. 그런 의미에서 이 시리즈를 읽으실 분들에게 당부하고 싶은 점이 하나 있습니다. 이 시리즈는 성경을 전문으로 연구하고 강해하는 분들보다는 대중적인 그리스도인들에게 초점을 맞춘 메시지임을 전제로 읽어 주시길 바랍니다.

이 시리즈의 주제들이 삶의 적용에 대한 고민에서 비롯된 만큼 책의 내용을 실제 자신의 삶에 구체적으로 적용하여 변화에 이르길 바라는 마음으로 각 장 끝에 '나눔 질문'을 담았습니다. 혼자 읽고 질문에 답해 보는 것도 좋지만, 여러분이 주로 신앙의 대화를 나누는 이들과 함께 책을 읽고 질문에 대한 대답들을 나눈다면 금상첨화일 것입니다. 아울러 메시지를 전할 때 성도들의 반응과 결단을 돕기 위해 제시한 기도문을 질문 뒤에 첨부하였습니다.

신학적 전문성을 잣대로 들이댄다면 미흡한 점이 있을 수 있겠지만, 남녀노소를 불문하고 일상 속 신앙 주제를 진지하게 고민하는 분들이라면, 저희 교회 교인들이 그러했듯이 이 시리즈가 여러분이 마주한 일상의 신앙에 조금이라도 도움이 되리라 기대합니다.

프롤로그

재물은 하나님의 은총을 받았다는 표시가 아니다.
가난 역시 하나님의 노여움을 나타내는 표시가 아니다.
_J. C. 라일

나는 영원에서 어떤 값어치가 있을 것인가라는
기준으로만 모든 것을 평가한다.
_존 웨슬리

2022년 연말 즈음, 성도들에게 '듣고 싶은 설교 주제'를 설문한 적이
있습니다. 다양한 답변이 나왔는데, 주제별로 분류해 보니 '돈'이라
는 키워드로 묶을 수 있는 답변이 가장 많았습니다. 이 결과를 어떻
게 해석해야 할까요? 저희 교회 성도들이 유달리 속물이라서 그런
것일까요? 모든 교회의 성도들을 설문한 것은 아니기에 비교할 수
는 없지만, 실제로 저희 교회 성도들이 유달리 속물이어도 상관없
습니다. 그것이 저희 교회 성도들의 현실이라면, 거기에 맞추어 목
회하면 되니까요. 그러나 저희 교회 성도들이 유달리 속물적이어서
그런 결과가 나온 것은 아닐 것입니다. 바로 여러분이 이 책을 손에
들고 있다는 것이 그 방증입니다. '돈'이라는 단어가 들어 있는 제목
에 이끌려 이 책을 살펴본다는 것 자체가 (이 책을 다 읽지 않더라도) 여

러분 역시 이 주제에 관심이 있다는 증거이기 때문입니다. 분명합니다. 이름 모를 여러분도, 저희 교회 성도도, 또한 어느 교회의 평범한 성도도 대부분 신앙적 삶에서 가장 고민하는 주제에 늘 '돈'이 포함되어 있을 것입니다. 그리고 저 역시 예외는 아닙니다.

굳이 근거를 들면서까지 그리스도인이 '돈'이라는 주제에 관심이 많다는 것을 증명할 필요도 없습니다. 이미 성경이 이를 보여 주고 있기 때문입니다. 복음서만 살펴봐도 알 수 있습니다. 성자 하나님인 예수님이 남기신 가르침들 말입니다. 복음서 전체에서 예수님은 일견 거룩해 보이는 '믿음'이나 '기도'보다, '돈'을 두 배나 많이 언급하셨습니다. 그렇다면 예수님 역시 세속적이신 것일까요? 당연히 아닐 것입니다. 도리어 우리는 그 가르침의 빈도에 근거하여, 그리스도인으로서 세상을 살아가는 데 돈이 중요하다는 것을, 때문에 돈에 대한 바른 숙고와 도전적 삶이 반드시 필요하다는 것을 알 수 있습니다.

우리가 지금 '돈'이라는 단어를 반복하여 쓰고 있지만, 사실 여기서 돈은 그저 화폐가 아니라 우리네 '먹고사니즘' 자체를 의미합니다. 그러하기에 돈을 어떻게 다루는지가 어쩌면 신앙적 삶의 가장 중요한 부분이라고까지 할 수 있을 것입니다. 그만큼 돈은 정말로 중요합니다.

돈의 힘이 지닌 명암

이 주제로 고민할 무렵, 2022 카타르 월드컵이 한창이었습니다. 월드컵은 언제나 세계인의 이목을 집중시키지만, 특히 이 월드컵에서 우리나라가 12년 만에 16강에 들었기에 우리에게도 큰 기쁨이었습니다. 그런데 이 월드컵에서는 굉장히 독특한 몇 가지 면모를 볼 수 있었습니다. 축구 변방으로 불리던 아시아 국가들이 세계 강호들을 연달아 이기며 약진한 경기 결과, 즉 경기 내적 요소도 독특했지만, 경기 외적 요소도 큰 화제가 되었습니다.

본래 월드컵은 축구 주요국들의 프로 리그가 쉬는 여름에 개최되었는데, 카타르 월드컵이 열린 시기는 겨울이 시작될 무렵이었습니다. 개최국인 카타르의 여름 기온이 섭씨 50도에 육박하기에, 도무지 경기를 치를 수 없기 때문입니다. 물론 그 나라는 겨울이라 해도 여름에 비해 상대적으로 덜 뜨거울 뿐 여전히 덥기 때문에 경기를 치르는 데 무리인 것은 마찬가지입니다. 선수들이 경기를 뛰는 것은 고사하고, 관중이 관람하기에도 굉장히 힘든 날씨이지요. 그래서 개최 기간만 변경한 것이 아니라, 경기장 시스템도 천지개벽 수준으로 바꿔 버렸습니다. 어마어마한 돈을 들여 경기장에 있는 모든 사람이 쾌적함을 느낄 수 있을 만한 실내 에어컨 시스템을 구축한 것이지요. 얼마나 많은 돈을 들였을지 상상이 안 될 지경입니다. 직전 러시아 월드컵에 16조 원이 들었다는데 카타르 월드컵에는 285조 원을 들였다고 하고, 심지어 카타르 월드컵에 들인 비용이 이전 월드컵 개최 비용을 모두 합친 것보다 많다고 하니 말 다했지요. '오일머니'(oil money)로 대변되는 막대한 돈의 투입은 심지어 사막 한복판에서도 축구 경기를 하게 만들었습니다. 하지만 이와 같은 일종의 기적 앞에 경탄이 아닌, 비릿한 맛이 느껴지는 건 어째서일까요?

계절을 바꾸면서까지, 돈을 그렇게 물 붓듯 쓰면서까지, 꼭 카타르에서 월드컵을 해야 했는지 의문이 듭니다. 개최지가 카타르로 선정된 것부터 의아했습니다. 실제로 개최국 선정과 관련하여 국제 축구 연맹(FIFA) 수장들이 카타르에 뇌물을 받은 증거가 속속들이 밝혀져 재판이 진행되었습니다. 무엇보다 안타까운 건, 50도에 육박하는 지역에서 군사 작전하듯 무리하게 건축을 추진하다 보니, 또한 이 악조건 속에서 일할 제3국 노동자가 대거 고용되어 값싼 인건비에 하루 12시간씩 노예 계약 시스템으로 일하다 보니, 비참한 사고가 연달아 발생했다는 사실입니다. 공사 기간 중 무려 7,000명이나 되는 노동자가 사망했다는 보고 앞에 침울해집니다. 때문에 이런 지역에서 이런 시기에 월드컵을 개최할 수 있게 만든 힘인 동시에, 수천 명을 비참하게 만든 힘인 돈에 대해 양가감정이 드는 것이 사실입니다.

그렇다면 그리스도인은 도대체 이 요물과 같은 '돈'을 어떻게 바라봐야 할까요?

돈에 대한 이런 고민은 자본주의, 즉 돈을 언어로 사용하는 우리 시대 사람들만의 전유물이 아닙니다. 유독 우리 시대에 더 중요하고 더 무겁게 느껴질 뿐, 사실 돈은 모든 시대, 모든 인간의 이야기였습니다. 따라서 그런 세상의 터전 위에 세워진 기독교 역시 돈에 대해 고민하며 다양한 관점을 피력해 왔습니다.

그중에서 우리에게도 익숙한 대표적인 두 관점이 있습니다. 하나는 일명 '번영주의'입니다. 간단히 말해 번영주의는 돈은 하나님이 주시는 현세의 축복이기에 하나님에게 돈을 구하는 것은 당연하고, 나아가 할 수만 있다면 그러한 복을 받기 위해 최선을 다해 노력하라는 관점입니다. 다른 하나는 이와 반대편 극단에 있는 '금욕주의'입니다. 돈이 하나님을 멀리하게 만드는 가장 큰 우상이기에 애초부터 돈을 멀리하고, 청빈하게 살아야 한다는 관점입니다. 간단히 설명했지만, 여러분은 이 둘 중 어느 관점이 더 옳다고 생각하십니까? 아니, 조금 다르게 질문해 볼까요? 이 둘 중 어느 관점이 더 옳다고 '느끼십니까?'

두 관점 모두 성경적 근거는 있습니다. 누군가의 눈에는 세속적으로 보일 번영주의. 그러나 잠시 편견을 거두어 봅시다. 우선 구약에 한정하여 살펴보면, 물질적 풍요를 하나님이 내리신 복이라고 하거나 하나님의 축복으로 부요함을 얻었다는 설명이 종종 등장합니다. 신앙과 재물에 분명한 인과 관계가 있는 것이지요. 물론 신약으로 넘어가면 이런 논조가 많이 약화되지만, 그렇다고 그 견해를 뒤집었다거나 부정한다고 보기에는 무리가 있습니다. 반면 금욕주의는 어떨까요? 드물지만 구약에도 풍요를 하나님의 복으로만 해석하지 않는 구절들이 있고, 신약은 꽤 강하게 금욕주의를 지지하는 듯합니다. 대표적으로 디모데전서 6장 10절이 그러합니다.

돈을 사랑함이 일만 악의 뿌리가 되나니 이것을 탐내는 자들은 미혹을 받아 믿음에서 떠나 많은 근심으로써 자기를 찔렀도다.

그렇다면 도대체 무엇이 옳은 것일까요? 사이좋게 구약은 번영주의, 신약은 금욕주의로 나눠서 보아야 할까요? 아니면 동일한 대상을 정신 분열적 태도로 보고 있으니, 애초에 성경 자체가 믿을 게 못 된다고 보아야 할까요? 결론부터 말하자면, 둘 다 틀렸습니다. 그렇게 간단하고 단순하게 결론 내릴 수 있었다면, 우리를 포함하여 수많은 신앙의 선배 역시 그토록 고뇌할 이유가 없었겠지요.

극단적 견해는 언제나 명료함을 선사하는 동시에 인간의 실존을 배제시킨다는 점을 반드시 기억하십시오. 책상 위라면 그렇게 쉽게 판단할 수 있지만, 모든 것이 얽혀 있는 실제 세상에서, 더욱이 인간의 실존 안에서 그러한 극단적 견해는 설 자리가 없습니다. 성경 역시 바로 그러한 세상과 인간의 복잡한 실존을 전제로 메시지를 전하고 있습니다. 때문에 성경이 일관되지 않은 것처럼 말하고 있다면, 바로 그러한 실존을 전제로 이야기하고 있음을 염두에 두어야 합니다.

이런 이유로, 뭔가 명료해 보이는 극단적 견해에 쉽게 동의하기보다는 이 양극을 피하는 것이 바른 독법일 때가 많습니다. 그 가운데 자신의 중심과 기준과 범위를 세워 가야 합니다. 그런데 이 작업은 스스로 해야 합니다. 그 이유는 여러 가지인데, 돈은 매우 중요하기에 어차피 남의 말을 듣지 않을 게 불 보듯 뻔하기 때문이고, 반대로 남의 말을 지나치게 잘 들어서 돈에 대한 견해를 규정하다 보면 훗날 재정적 문제가 생길 때 큰 혼란에 빠질 수 있기 때문입니다.

돈에 대한 성경적이고 균형 잡힌 관점

이 책은 앞서 나눈 설문을 참조하여 전한 여덟 번의 주일 설교 메시지에 기반하고 있습니다. 예배당에 앉아 있는 일반적인 그리스도인들을 염두에 두고 준비하여 전달한 설교 메시지를 정리한 내용이기에 학술적이거나 돈에 대한 모든 이야기를 다루지는 않습니다. 또한 설교를 준비하고 전할 때 의도한 바와 같이, 이 책 역시 명징한 결론으로 여러분을 가르치고 훈계하기 위해 쓰이지는 않았습니다. 그저 돈에 대한 성경적이면서도 균형 잡힌 관점을 제공하고, 특히 여러분이 저마다 주체적으로 정리하도록 돕는 데 주력하고 있습니다. 이를 위해 돈을 다룬 성경의 수많은 본문 가운데 특별히 예수님이 직접 말씀하신 메시지를 택하였습니다. 그리고 해석의 일관성을 위해 누가복음으로 한정하여 여덟 개의 본문을 선정하고, 그 본문들에 대한 해석을 토대로 여러분이 돈에 대한 시각을 정립하도록 도와줄 일종의 가이드를 정리해 보았습니다. 각 장 끝에는 구체적인 적용과 실천을 도울 '나눔 질문'을 수록하였습니다. 이 질문들에 진지하게 숙고하면서 답해 본다면 큰 도움이 될 것입니다. 또한 각 메시지를 진지하게 살펴본 뒤, 공감한다면 질문 뒤에 수록된 기도문인 '하나님 앞에 드리는 다짐'을 함께 고백함으로 개인적 결단을 이루길 바랍니다.

덧붙여 이 메시지를 책으로 출간하는 것을 제안하고, 메시지에 대해 피드백해 준 이음숲교회 성도에게 감사 인사를 전합니다.

*

성도가 삶에서 청지기직을 부인하는 것은
그리스도의 신성을 부인하는 것처럼
징계받을 만한 중대한 일이다.
_찰스 피니

진정한 의미에서 돈은 축복이 아니다.
테스트이다.
_프랜시스 프랜지팬

*

1장

돈이란 무엇인가

누가복음 20장 19-26절

[19]서기관들과 대제사장들이 예수의 이 비유는 자기들을 가리켜 말씀하심인 줄 알고 즉시 잡고자 하되 백성을 두려워하더라 [20]이에 그들이 엿보다가 예수를 총독의 다스림과 권세 아래에 넘기려 하여 정탐들을 보내어 그들로 스스로 의인인 체하며 예수의 말을 책잡게 하니 [21]그들이 물어 이르되 선생님이여 우리가 아노니 당신은 바로 말씀하시고 가르치시며 사람을 외모로 취하지 아니하시고 오직 진리로써 하나님의 도를 가르치시나이다 [22]우리가 가이사에게 세를 바치는 것이 옳으니이까 옳지 않으니이까 하니 [23]예수께서 그 간계를 아시고 이르시되 [24]데나리온 하나를 내게 보이라 누구의 형상과 글이 여기 있느냐 대답하되 가이사의 것이니이다 [25]이르시되 그런즉 가이사의 것은 가이사에게, 하나님의 것은 하나님께 바치라 하시니 [26]그들이 백성 앞에서 그의 말을 능히 책잡지 못하고 그의 대답을 놀랍게 여겨 침묵하니라.

어떤 주제에 대한 논의는 언제나 이렇게 시작해야 합니다. "○○는 무엇인가?" 즉 '정의' 말입니다. 같은 단어를 사용하여 대화하더라도 서로 다른 의미를 떠올린다면, 혼란만 더하다가 결국 개싸움과 감정 소모밖에 남지 않기 때문입니다. 이처럼 논의할 개념의 정의에 따라 그 뒤에 이어지는 모든 논의와 정리의 방향이 결정됩니다. 그렇기 때문에 '돈'을 주제로 다루기 위해서는 반드시 이 질문을 해야 합니다. "돈이란 무엇인가?"

그리스도인으로서 이 정의를 내리기 위해 성경을 펴기도 하지만 성경은 사전이 아닙니다. 간혹 성경에 "○○은 ○○이다"라는 설명이 명시되어 있기도 하지만, 애석하게도 '돈'은 해당되지 않습니다. 때문에 성경 전체 맥락을 통해 그 뜻을 유추하고 정리해야 하는데, 그러면 아무래도 조금 복잡한 작업이 될 것입니다. 그런데 다행히도 우리에게 도움이 될 만한 아주 좋은 대답이 있습니다. 심지어 예수님이 하신 말씀이기에 이 질문에 대한 대답을 아주 쉽게 완성할 수 있을 듯합니다. 자! 이제 누가복음 20장에 실린 그 유명한 말씀에 주목해 봅시다.

가이사의 것은 가이사에게, 하나님의 것은 하나님께(눅 20:25).

저를 향해 여러분 마음에서 우러나오는 불신의 목소리가 여기까지 들립니다. '돈'이라는 단어 자체가 포함되어 있지 않은 이 구절이 어떻게 "돈이란 무엇인가?"라는 질문에 대한 대답일 수 있는가라는 의구심이겠지요. 부디 넉넉한 인내심을 발휘하여 이 장을 끝까지 읽어 보고 나서 판단하시길 바랍니다. 예수님이 이러한 말씀을 하신 맥락을 알고 나면, 왜 이 말씀이 "돈이란 무엇인가?"라는 질문에 대한 답이 되는지 확인할 수 있을 것이기 때문입니다.

"데나리온 하나를 내게 보이라"

누가복음 20장은 여러 대화와 가르침을 담고 있습니다. 20장 서두에는 그 모든 사건과 가르침의 배경이 등장합니다.

> 하루는 예수께서 성전에서 백성을 가르치시며 복음을 전하실 새 대제사장들과 서기관들이 장로들과 함께 가까이 와서 말하여 이르되 당신이 무슨 권위로 이런 일을 하는지 이 권위를 준 이가 누구인지 우리에게 말하라(눅 20:1, 2).

여기 "대제사장들과 서기관들"이 등장합니다. 우리에게 익숙한 호칭으로 바꾸자면 '사두개인들과 바리새인들'로, 당대 유대교 신앙과 사회에서 가장 큰 축을 지탱한 두 파벌이라고 볼 수 있습니다.

돈: 탐욕의 대상에서 사랑의 도구로

사실 이 두 파벌의 동행은 참으로 독특한 일입니다. 사두개인은 성전 권력을 가진 이들, 바리새인은 교육 권력을 가진 이들로, 우리 나라나 미국의 두 거대 정당처럼 서로 누가 더 옳으냐며 항상 다투 는 앙숙 관계이기 때문입니다. 그래서 결코 함께 묶이는 법이 없지 요. 그런데 이들이 합심하여 함께 예수님을 찾았습니다. 어떻게 이 런 일이 일어났을까요? 민중의 관심을 나눠 먹던 이 둘에게 갑자기 새로운 공통의 적이 나타났기 때문입니다. 바로 예수님입니다.

배울 만큼 배운 지체 높은 양반들이 한 몸을 이루어 예수님을 찾 아가 고작 한다는 소리가 이렇습니다. "도대체 누가 이런 권위를 주 었느냐?" 딴지 걸고 싶으나 할 말이 없기에 자격이나 시비 걸고 있 는 셈입니다. 예수님은 그런 그들에게 지혜롭게 대답하시고, 심지 어 또 다른 가르침으로 그들을 파훼하십니다(눅 20:3-18). 그러자 분 노한 이들은 예수님을 함정에 빠뜨릴 중대한 모략을 짭니다.

> 서기관들과 대제사장들이 예수의 이 비유는 자기들을 가리켜
> 말씀하심인 줄 알고 즉시 잡고자 하되 백성을 두려워하더라 이
> 에 그들이 엿보다가 예수를 총독의 다스림과 권세 아래에 넘기
> 려 하여 정탐들을 보내어 그들로 스스로 의인인 체하며 예수의
> 말을 책잡게 하니(눅 20:19, 20).

예수님을 잡아들였다가는 도리어 민중에게 해코지당할까 싶어 포기하고 음모를 꾸미는 것이지요. 남의 칼을 빌려 사람을 죽이는

일명 '차도살인지계'랄까요? 당시 유대 땅에 워낙 반란이 많이 일어나다 보니, 반란의 '반'자만 들어도 기겁하는 로마 정부의 우려를 십분 활용하기로, 즉 로마의 칼을 빌리기로 한 것입니다. 다만 이것이 모략임을 알아차리지 못하도록 자신들은 직접 나서지 않고 하수인들을 예수님에게 보냅니다. 이 하수인들은 "거짓으로 의로운 사람들인 체 행세하면서"(20절, 새번역) 예수님에게 다가갑니다. 당시 의로운 사람들이란 '율법을 잘 준수하는 사람'을 뜻했습니다. 물론 정확히 어떤 방식으로 그 의로움의 징표를 드러냈는지는 모르지만, 어쨌든 그들은 그런 '척'하면서 예수님에게 묻습니다.

우리가 가이사에게 세를 바치는 것이 옳으니이까 옳지 않으니이까(눅 20:22).

이 질문은 완벽한 덫이자 어마어마한 외통수입니다. 이 질문에 예수님이 "가이사에게 세금을 바치는 게 옳다"고 대답하시면 어떻게 될까요? 그 자리에 있던 민중은 대부분 로마를 증오했기에 친로마적 발언을 한 예수님에게 등을 돌릴 것입니다. 심지어 배신감에 자기들 손으로 예수님을 해할 수도 있겠네요. 반대로 예수님이 "옳지 않다"고 하시면 어찌 될까요? 그 길로 그들은 로마군을 찾아가 예수님을 '반란 모의'로 밀고할 것입니다. 이러나저러나 손 안 대고 코 푸는 대단한 모략입니다. 그런데 예수님은 이것이 함정이라는 사실을 이미 알고 계셨습니다. 그리고 오히려 이 함정을 역이용하

돈: 탐욕의 대상에서 사랑의 도구로

십니다.

데나리온 하나를 내게 보이라(눅 20:24).

예수님의 이 요청은 그들이 결코 알아채지 못한 신의 한 수이자, 그 주위에 있던 누구도 알 수 없는 그들의 모략을 파훼할 회심의 카운터펀치였습니다.

이 발언이 어떤 의미에서 그러한지를 알기 위해서는 두 가지 배경 정보가 필요합니다. 먼저는 '데나리온'이라는 돈의 외관입니다. 데나리온은 로마 제국의 공식 화폐로, 금속으로 만든 주화입니다. 한 데나리온은 노동자의 하루 품삯에 해당하는데, 5만 원 정도라고 가정해 보겠습니다. 우리네 5만 원권에 신사임당의 얼굴이 그려져 있는 것처럼 데나리온에도 사람 얼굴이 새겨져 있는데, 다름 아닌 로마 황제, 즉 카이사르(가이사)의 얼굴입니다. 예수님이 보이라고 하신 데나리온에는 당시 카이사르인 '티베리우스'(디베료)의 얼굴이 새겨져 있었을 것으로 추측됩니다.

또 다른 배경 정보는 당시 사용되던 주화의 종류입니다. 당시에는 데나리온처럼 로마가 인준한 공식 주화 외에 유대 땅에서만 통용되는, '세겔'이라 불리는 비공식 주화가 있었습니다. 조금 의아합니다. 그와 같은 비공식 주화가 왜 필요했을까요? 또한 로마는 자칫 경제 시스템을 교란시킬 수 있는 이런 비공식 주화를 왜 허용했을까요? 이유는 간단합니다. 유대인들의 유별난 '종교심' 때문입니다.

유대인들은 자신들의 정체성을 보전하는 핵심인 예루살렘 성전을 유지하기 위해 세금 역할을 담당하는 헌금(성전세)을 드렸습니다. 그런데 유대인들은 공식 주화인 데나리온, 즉 이방 황제의 상이 버젓이 새겨진 부정한 주화로는 헌금을 드릴 수 없다고 여겼습니다(다른 단위의 로마 공식 화폐도 비슷한 맥락에서 부정합니다). 그래서 그들은 성전에 드리는 용도로 비공식 주화인 세겔을 사용했습니다(이 주화에는 "이스라엘의 세겔"이라고 각인되어 있으며, 그 가치는 노동자의 나흘 품삯 정도로 추정됩니다). 성전 안에서는 성전 권력을 차지한 사두개인들이 바로 이 세겔을 수납했고, 성전 밖에서는 바리새인들이 데나리온으로 드리는 것은 우상 숭배이기에 세겔로 드려야 한다고 가르친 것이 당시 현실이었습니다. 그리고 바로 이 두 부류, 즉 사두개인과 바리새인이 당대에 의인으로 대우받는 자들이었습니다.

이처럼 로마의 공식 주화 데나리온과 종교용 비공식 주화 세겔이 병용되었다는 사실, 그래서 의로운 유대인들은 당시 성전에 세겔을 드려 자신들의 의로움을 검증받았다는 사실을 전제로 본문을 다시 살펴보면 좋겠습니다. 본문을 보면 의인으로 불리던 자들이 의인인 체하는 하수인들을 예수님에게 보냈고, 그들은 황제에게 세금을 내는 게 옳으냐는 질문으로 예수님을 외통수로 몰아넣었습니다. 이 질문에 예수님은 "데나리온 하나를 내게 보이라"고 요청하셨고, 그 하수인들에게서 데나리온을 건네받으셨습니다. 그러자 예수님이 이렇게 반문하십니다.

누구의 형상과 글이 여기 있느냐(눅 20:24).

의인인 체하는 하수인들이 대답합니다.

대답하되 가이사의 것이니이다(눅 20:24).

이 하수인들은 속으로 환호를 질렀을 것입니다. '황제에게 세금을 내야 한다고 말하는구나! 예수여! 너는 곧 민중에게 옥수수 털릴 준비나 해라!' 그런데 예수님은 이어서 이렇게 말씀하십니다.

이르시되 그런즉 가이사의 것은 가이사에게, 하나님의 것은 하
나님께 바치라 하시니(눅 20:25).

하수인들은 놀라 입을 닫습니다(26절). 논쟁은 이것으로 끝나 버립니다. 뭔가 이상합니다. 그저 삼삼해 보이는 이 말씀이 도대체 어떤 카운터펀치길래, 작심하고 쳐들어온 이들을 이렇게 한 방에 그로기 상태로 만든 것일까요?

돈을 통해 드러난 모순적 태도

사실은 예수님이 하신 마지막 발언의 '의미' 이전에, 그들이 직접 데

나리온을 건넨 '상황'이 그들로 하여금 제 발 저리게 만들었다고 보는 게 맞을 듯합니다. 무슨 말이냐면, 예수님이 '돈'을 달라고 하신 것이 아니라 '데나리온'이라는 특정 화폐를 보여 달라고 하신 그 요구가 순식간에 일어난 반전에 대한 단서라는 것입니다. 부연하자면 이렇습니다. 그들은 분명 '의인인 체'하고 있었습니다. 그 상황에서 그들에게 그냥 돈을 보여 달라 했다면, 자신들의 의로움을 증명이라도 하듯 그들은 거룩한 돈인 세겔을 꺼냈을 가능성이 큽니다. 그러나 예수님은 돈이 아니라 콕 집어 데나리온을 보여 달라고 하셨고, 그 요청에 그들은 예수님을 넘어뜨리려는 열망이 앞서서 그 요청의 진의를 파악할 새도 없이 곧바로 수중에 있는 돈을 꺼내어 보여 주었습니다. 그런데 바로 이 상황이 그들의 모순을 스스로 폭로하는 지점입니다.

왜냐하면 그들은 스스로 의로운 체하는 자들, 즉 세겔이 거룩한 돈이라고 주장하며 강조하고 강요하는 사람들이니까요. 하지만 그들의 현실은 모순입니다. 웃기게도 부정한 돈, 즉 데나리온을 항상 품에 넣고 다니며 사용합니다. 당연합니다. 그것이 공식 화폐이고, 그 돈이 있어야만 생필품과 음식을 살 수 있기 때문입니다. 그러니 데나리온을 달라고 하자 바로 꺼내 줄 수 있었던 것입니다.

그런데 바로 이것이 돈에 대한 그들의 모순적 실체입니다. 의로운 체하며 찾아갔으나, 데나리온을 달라고 하자 바로 품에서 꺼내 보여 준 그들. "누구의 형상과 글이 있느냐"는 물음에 "가이사의 것"이라고 한 그들의 대답. 그리고 가이사의 형상이 담긴 그 돈을 늘 소

돈: 탐욕의 대상에서 사랑의 도구로

중히 품고 다니며, 언제라도 꺼내어 보여 주고 사용한 이 상황적 모순. 이를 통해 예수님은 그들 스스로 자신들의 모순을 드러내게 만드셨고, 그렇게 그들 스스로 침묵하게 만드셨습니다. 이처럼 그들은 모순적 태도로 돈을 사용하는 자들로서, 한마디로 돈에 대해 질문할 자격조차, 예수님에게 자격을 물을 자격조차 없는 자들이었던 것입니다.

그런데 더 중요한 것이 있습니다. 카운터펀치를 통쾌하게 날리며 "너희 자체가 모순이다!"라고 선언하신 예수님이 거기서 마무리하지 않으시고, 굳이 그 논란의 발언, 바로 "가이사의 것은 가이사에게, 하나님의 것은 하나님께"(20절)라는 말을 남기셨다는 사실입니다. 그렇다면 뭔가 의도가 있을 듯합니다. 그리고 저는 예수님이 굳이 남기신 이 부가 발언이 돈을 매개로 이루어진 이 논쟁의 현장에 있던 청중에게 남기고 싶으신, '돈'에 대한 핵심적 가르침이자 정리라고 생각합니다. 왜 그럴까요?

당시 유대 신앙은 늘 거룩한 것과 속된 것을 구분하고, 거룩한 것을 추구하되 속된 것을 멀리하는 방식으로 체계화되어 있었습니다. 그런데 예수님은 이 구도가 잘못되었다고 가르치셨기에, 대적자들이 예수님을 시험하고 공격한 것이지요. 즉, 그들이 예수님을 공격하던 소재는 매우 다양했으나, 그 소재들은 항상 '거룩한 것과 속된 것이 구분되어 있다'는 신앙적 전제에 기인했습니다. 이번에 공격한 소재인 돈 역시 그 전제를 기반으로 합니다.

이 마무리 발언은 돈에 대한 발언 같지만, 사실은 그 너머에 있는 그들의 뿌리 깊은 전제, 즉 모든 것을 성과 속의 흑백 논리로 보는 관점이 틀렸음을 밝히신 것입니다. 즉, 예수님은 지금 돈 역시 성과 속 개념에 종속되지 않음을 전제로 말씀하시고 있는 것이지요.

때문에 결론적으로 돈은 중립적입니다. 그저 용도에 따라 사용될 뿐입니다. 그래서 황제에게 주기로 되어 있는 것이면 황제에게 주고, 하나님에게 드리기로 되어 있는 것이면 하나님에게 드리면 됩니다. 바로 이것이 그 자리에 있던 청중, 그리고 훗날 이 글을 읽을 독자들에게 남기고 싶으신 말씀이었습니다.

돈 자체는 결코 '거룩한 것이냐, 속된 것이냐'로 구분할 수 없습니다. 사용되는 자리와 용도에 따라 달라질 뿐입니다. 그래서 본문을 토대로 "돈이란 무엇인가?"라는 질문에 답한다면, 한마디로 이렇게 정의할 수 있습니다. "돈은 그저 '도구'일 뿐이다!" 그리고 예수님이 그렇게 결론을 내리셨다면, 이를 성경 전체의 결론으로 보아도 무방할 것입니다.

돈은 도구다

'돈이란 무엇인가?'라는 질문에 대해 답하기 위해 지금까지 많이도 돌아왔습니다. 그런데 혹시 기억나시나요? 프롤로그에서 저는 돈을 바라보는 기독교의 대표적인 관점으로 번영주의와 금욕주의를 소개했습니다. 자, 다시 한 번 물어보겠습니다. 이 둘 중 무엇이 더 옳은 견해일까요? 물론 이 역시 이미 답을 내놓았습니다. 둘 다 틀렸다고 말이지요. 그렇다면 이제는 왜 둘 다 틀린 견해라는 결론을 내렸는지 이해되실 것입니다. 둘 다 근거가 없지는 않습니다. 그러나 '무엇이 상대에 비해 더 옳은가?'는 무의미합니다. 이 두 주장이 서 있는 전제 자체가 잘못되었기 때문입니다. 번영주의는 돈을 긍정적인 것으로, 금욕주의는 돈을 부정적인 것으로 보는 전제 위에 세워진 관점입니다. 이처럼 전제가 잘못되었기에, 이 주장들에 대한 옳고 그름의 평가 자체가 무의미합니다. 그래서 감히 이 둘 모두 틀렸다고 이야기할 수 있는 것입니다. 또한 그러하기에 혹시 이 둘 중 하나만 강조하는 교사가 있다면, 반드시 조심하셔야 합니다.

안타깝게도 사람들은 언제나 극단적 주장을 강하게 이야기하는 이들에게 끌립니다. 돈이 하나님이 주신 복이라고 강력히 주장하는 번영주의는 강력하게 이야기하지 않아도 언제 어디서나 사람들의 관심을 끕니다. 예수님 당시에 그런 식으로 하나님의 복을 외친 부류는 사두개인이었습니다. 그러나 정작 그들이 복이라고 주장한 많은 재물은 그들 스스로 종교 권력을 틀어 쥔 채, 온갖 불법과 탈법적 행위로 모은 비자금일 뿐이었지요. 반대도 마찬가지입니다. 금욕주의를 외치는 이들에게는 그들의 청빈함으로 인해 일종의 팬덤까지 생겨납니다. 금욕을 외치는 것이 세속을 등진 참된 종교인처럼 보이니까요. 고상해 보입니다. 그러나 둘 다 아닙니다.

예수님은 돈의 정체를 정의하셨습니다. 긍정적으로 보이는 점이 있다고 말하는 것과, 이를 복이라고 주장하는 것은 엄연히 다릅니다. 마찬가지로 부정적으로 보이는 점이 있다고 말하는 것과, 이를 악이라고 주장하는 것 역시 다릅니다. 우리네 먹고사니즘이 어디 그렇게 쉽고 단순하던가요? 그런데 당시 바리새인들은 그러한 우를 저질렀습니다.

'청빈'을 주장하는데, 알고 보니 그런 주장을 하는 이들 가운데에는 집안 형편이 넉넉한 경우가 많았습니다. 자발적이지 않은 가난이 얼마나 비참한지, 가난 속에서 자라는 것이 인생 전반에 어떻게 작용하는지를 모른 채 청빈을 주장한 사람이 꽤나 많았던 것이지요. 그러나 어떤 부류든 상관없습니다. 입으로 무슨 말을 떠들고 다니는지와 상관없이, 결국 모든 이는 언제나 황제 형상이 그려진 데나리온을 들고 다녔습니다. 그 자체로 이미 일차적으로 먹고사니즘에서 성속의 구분이 없다는 것을 스스로 증명한 셈이었지요. 그래서 예수님은 확정하신 것입니다. 돈은 도구일 뿐이고, 인간은 그 도구를 가지고 역할에 따라 이것도 하고 저것도 한다고. 따라서 돈 자체에 가치를 부여하려는 것은 모두 잘못되었다고. 다시 말하지만 돈은 그저 '도구'일 뿐입니다.

돈을 사용하는 자는 어떤 사람인가

인류 역사상 한 개인으로서 최대 부를 일군 인물로 전해지는 전설적인 부자 록펠러에게 한 기자가 이렇게 물었다고 합니다. "당신에게 얼마가 있으면 충분한가요?" 그랬더니 그는 이렇게 답했답니다. "조금만 더!"

성경이 말하는 돈에 대한 정의에 좀처럼 마음이 동하지 않는다면, 최고 부자의 입에서 나온 이 대답을 통해 돈이 무엇인지를 확인하시길 바랍니다. 우리는 돈이 많다는 데서 충만함을 느끼지 못합니다. 즉, 돈 자체에 선과 악의 속성이 있어서 그것의 많고 적음이 사람을 복되게 하거나 불행하게 하는 것은 아니라는 말입니다. 거듭 말하지만, 돈은 그저 도구일 뿐입니다. 이것이 '돈이란 무엇인가?'에 대한 가장 단순한 정리입니다.

혹시 이 정리가 너무 뻔하게 느껴지시나요? 그럴 수 있습니다. 그럼에도 이 뻔한 정리를 반복해서 말하는 것은 저와 여러분을 포함한 사람들 대부분이 돈을 단순한 도구로 바라보지 않고, 그 돈에 옳고 그름 또는 좋고 나쁨이라는 가치를 투영한 채 살고 있기 때문입니다. 그래서 이미 많은 이에게 돈이란 더는 도구나 수단이 아닌 목적이 되어 버렸습니다. 돈은 도구일 뿐이라고 아무리 외쳐도 내심 '복'이자 '선'으로 여기고 있다면, 어떻게 이해하고 말하든 간에 이미 그에게 돈은 더 이상 도구가 아닌 것이지요. 물론 반대 경우도 있습니다. 돈은 그저 도구일 뿐인데, 악하다 여기고 아예 잡지 않으려는 태도 말입니다. 이들은 이 도구를 통해 선한 역할을 감당할 수 있음에도 애써 포기하는 미련함을 보이기도 합니다.

'돈은 그저 도구일 뿐이다!'라는 이 뻔한 정의가 진정으로 자신의 것이 될 수 있다면, 우리는 질문 수준을 한 단계 높일 수 있습니다.

즉 '돈은 선한가, 악한가? 좋은가, 나쁜가?'라는 유치하고도 잘못된 질문에서 한 걸음 더 나아간 질문, 다시 말해 '돈이라는 도구를 사용하는 자는 어떤 사람인가?'라는 본질적 질문으로 말입니다.

예를 들어 누군가는 불이라는 도구로 사람을 따뜻하게 하지만, 누군가는 그 불로 방화를 일으킵니다. 돈이라는 도구 역시 마찬가지입니다. 누군가는 정당한 노동으로 돈을 가져올 테고, 예수님이 그러하셨듯이 누군가를 살리는 데 그 도구를 쓸 것입니다. 반면, 예수님이 보여 달라고 하자 하수인들이 내민 데나리온이 아마도 예수님을 제거하려던 악인들에게 받은 수고비일 가능성이 큰 것처럼, 누군가는 거짓의 대가로 돈을 벌고, 누군가를 해하기 위해 그 돈을 쓰기도 할 것입니다. 때문에 한 단계 발전한 이 질문, 즉 '돈이라는 도구를 사용하는 그는 도대체 누구인가?'가 앞으로 나눌 돈에 관한 많은 이야기의 핵심이자 출발점이 될 것입니다. 돈은 그저 도구일 뿐이지만, 그것을 사용하는 사람이 누구인지에 따라, 그래서 그 돈을 어떻게 사용하는지에 따라 그 돈에 좋고 나쁨의 가치가 부여되기 때문입니다.

돈과 인간의 주권자, 하나님

지금까지 정리한 내용, 즉 '돈은 도구일 뿐이고, 그 도구를 사용하는 사람이 누구인지가 중요하다'는 것은 사실 기독교 신앙과 관계없이

돈: 탐욕의 대상에서 사랑의 도구로

부에 대한 건강한 철학을 가진 이들이라면 동일하게 주장하는 바입니다. 그러나 성경은 그와 같은 인간적 지혜에서 한 발 더 나아갑니다. 돈이라는 도구의 최종 주인이 '하나님'이라는 사실, 그래서 그 사실을 인정할 때, 비로소 진정 돈이 도구로 자리매김할 수 있다는 사실에까지 말입니다. 무슨 뜻일까요?

하나님은 그분 자신이 삼위일체라는 공동체적 방식으로 존재하시는 것처럼, 처음부터 인간을 복수로 창조하시고 더불어 살게 하셨습니다. 이어서 땅에 충만하라고 명령하셨지요. 그렇다면 인간이라는 존재는 타락 유무와 관계없이 집단을 이루어 살게 될 것이었음이 분명합니다. 집단 생활에는 물자의 획득과 분배라는 최소한의 경제 시스템이 필요할 것이고, 이 분배 정의를 위해 돈이라는 도구가 고안되는 것 역시 필연적이었을 것입니다. 때문에 확언할 수는 없으나 돈은 타락한 인간 문명의 발명품이 아닌, 하나님의 선하신 창조 계획 아래 만들어질 수밖에 없는 도구일 가능성이 큽니다. 그렇다면 돈이라는 도구의 주권자는 인간이 아닌, 그렇게 인간을 만드신 창조주라는 결론으로 이어집니다. 즉 '하나님' 말입니다.

그러나 현실은 많이 다릅니다. 많은 사람이 하나님을 부정합니다. 그리고 하나님의 주권을 거부한 자들의 주권자는 바로 자기 자신입니다. 돈 역시 마찬가지입니다. 대부분의 사람은 돈이 자기 손에 들려 있기에 자신의 것이라고 여깁니다.

재미있게도 사람은 무언가가 자기 소유라고 생각하는 순간, 그것에 선악의 가치를 투영하는 버릇이 있습니다. 예를 들어 중고 거래 사이트를 떠올려 볼까요? 우리는 남이 올려놓은 매물은 지독하게 객관적인 잣대로 가치를 평가합니다. "다들 너무 비싸게 올리는 것 같아!", "도대체 이 가격에 매물을 올린 사람은 양심이 있는 거야?"라면서요. 그런데 자신이 매물을 올릴 때는 지독하게 주관적으로 평가합니다. "이 정도는 받아야지!"라면서요. 앞서 돈을 그저 도구로 보기가 어렵다고 한 이유가 바로 이것입니다. 내 것이라고 생각하는 순간 가치를 투영해 버리는 것이지요. 게다가 하나님이 우리를 위해 주신 도구들이 기본적으로 꽤 괜찮은 것들이다 보니, 타락 이후 인간에게는 그 도구들을 그저 도구가 아닌 '목적'으로 삼는 습성이 생겼습니다. 그것이 자신을 복되게 할 것처럼 여기는 것이지요. 그런데 이처럼 '우리를 위해 주어진 것들이 우리 삶의 목적이 되는 것'을 가리켜 성경은 이렇게 말합니다. '우상 숭배.'

하나님의 창조물에서 우상이 될 만한 가능성이 가장 높은 것이 다름 아닌 돈입니다. 돈은 단순한 물건이 아닌, 이 사회의 먹고사니즘 전체에 대한 이야기이자 전제이기 때문입니다. 그러하기에 이 사회에서 돈을 만지며 사는 이들 가운데 돈을 진짜 도구로만 보는 사람을 만나기란 쉽지 않습니다. 하지만 그리스도인들에게서는 그 가능성을 엿볼 수 있습니다. 그리스도인은 이 도구의 주인이 하나님임을 진정으로 믿고, 돈이라는 도구를 사용하는 나 자신의 주권자도 하나님이라고 확신하는 자들이기 때문입니다. 그렇다면 이들에게는 돈이 정말 도구로 존재할 가능성이 열립니다.

돈: 탐욕의 대상에서 사랑의 도구로

돈을 도구로 여기는 사람, 하나님의 청지기

이제 우리는 다시 물어야 합니다. 돈이 아니라, 그 돈을 들고 있는 여러분, 그 돈을 소유한 여러분은 도대체 누구인가요? 성경은 돈과 인간의 주권자가 하나님임을 확신하기 때문에 돈을 정말 도구로만 여기며 사용하는 자를 가리켜 이렇게 부릅니다. '청지기.'

예수님은 주인이 맡긴 돈을 자율적으로 대신 관리하는 청지기라는 직업을 돈과 관련된 비유에 빈번히 등장시키십니다. 물론 그리스도인은 이 세상 전반에 놓인 모든 도구에 대한 하나님의 대리자, 즉 청지기이지만, 무엇보다 돈과 관련해서는 이 비유가 찰떡입니다. 그래서 이번 장의 결론은 "돈은 도구일 뿐이다!"라는 것, 그리고 여러분이 진정한 그리스도인이라면 "당신은 청지기다!"라는 것입니다. 그리고 진정한 청지기는 돈에 가치를 부여한 이들, 혹은 자신이 돈의 주인이라고 여기는 이들, 심지어 돈을 주인 삼은 이들과 전혀 다르게 돈을 다룰 수밖에 없습니다.

> 예수께서 그 간계를 아시고 이르시되(눅 20:23).

예수님은 하수인들의 꿀 바른 말에 넘어가지 않으셨습니다. 오히려 그 간계를 파악하시고 역이용하기까지 하셨지요. 그러나 우리는 꿀 바른 많은 말에 쉬이 넘어가는 듯합니다. 우리를 둘러싼 이 세상이 속삭이는 번영의 언어들, 성과 속을 분리한 금욕의 언어들에 말이지요. 또한 우리는 자신에게 찾아오는 돈이 도구인지 목적인지도 잘 분별하지 못합니다. 더 마음 아픈 사실은 교회 안의 잘못된 가르침이 더 큰 혼란을 일으키기도 한다는 것입니다. 돈의 유무로 하나님의 복의 유무를 이야기하는 것 말입니다. 부디 여러분에게 들려오는 말들에 교묘히 섞여 있는 간계를 잘 파악하시길 원합니다. 그리고 분별하길 원합니다.

1. 당신이 돈에 대해 들어 본 기독교적 관점은 어느 것에 가까웠습니까? 왜 그런 관점이 형성되었다고 생각하십니까?

2. 당신은 부모님에게 돈에 대해 무엇을 배웠습니까?

3. 자신에게 돈은 도구에 가까운지, 목적에 가까운지 돌아보고 나누어 봅시다.

4. '당신은 누구입니까?'라는 질문에 '청지기'라는 대답이 어떻게 다가옵니까? 또한 자신을 '청지기'라고 고백하기에 주저되는 것이 있다면 무엇 때문입니까?

5. 분별이 필요한, 현재 당신 앞에 놓인 '돈'에 대한 이슈는 무엇입니까?

6. 돈의 주인이 하나님일 때와 나 자신일 때, 돈을 바라보는 관점은 어떻게 다릅니까?

주인 되신 하나님, 우리를 아름답게 지으시고 우리를 위해 세상을 선하게 창조하셨음을 찬양합니다. 그러나 타락이 우리를 뒤틀어 놓아, 우리는 우리를 위해 지어진 도구들을 하나님처럼 섬기며, 수단과 목적이 뒤바뀐 채 살아가곤 합니다. 그 중심에 돈이 있습니다. 긍휼히 여기소서. 하나님이 나의 주인이시고 돈의 주인이심을 온전히 믿는 가운데, 돈을 그저 도구로 보고 사용하길 원합니다. 청지기로서의 경제 활동이 이루어지길 원합니다. 간계에 넘어가지 아니하고 분별하며 하나님의 형상대로 살게 하시고, 그 도구로 세상을 관리하게 하소서. 그리스도 예수 이름으로 기도합니다. 아멘.

*

원하는 것에서 자유롭고, 남이 가진 것을 탐하지 않고,
모든 것을 소유하신 하나님을 소유한 부자가 가난할 수 있는가?
오히려 많이 가졌지만 더 많이 가지려고 애쓰는 사람이
가난한 사람 아닌가?
_테르툴리아누스

나는 돈을 결코 나에게 오래 머무르게 하지 않는다.
만일 그랬다면 그 돈이 나를 파괴하였을 것이다.
나는 가능한 한 돈을 내 손에서 속히 떠나보낸다.
돈이 내 마음속으로 들어가 집을 짓지 못하도록.
_존 웨슬리

*

2장

신이 되어 버린 돈, 맘몬

누가복음 18장 18-27절

[18]어떤 관리가 물어 이르되 선한 선생님이여 내가 무엇을 하여야 영생을 얻으리이까 [19]예수께서 이르시되 네가 어찌하여 나를 선하다 일컫느냐 하나님 한 분 외에는 선한 이가 없느니라 [20]네가 계명을 아나니 간음하지 말라, 살인하지 말라, 도둑질하지 말라, 거짓 증언 하지 말라, 네 부모를 공경하라 하였느니라 [21]여짜오되 이것은 내가 어려서부터 다 지키었나이다 [22]예수께서 이 말을 들으시고 이르시되 네게 아직도 한 가지 부족한 것이 있으니 네게 있는 것을 다 팔아 가난한 자들에게 나눠 주라 그리하면 하늘에서 네게 보화가 있으리라 그리고 와서 나를 따르라 하시니 [23]그 사람이 큰 부자이므로 이 말씀을 듣고 심히 근심하더라 [24]예수께서 그를 보시고 이르시되 재물이 있는 자는 하나님의 나라에 들어가기가 얼마나 어려운지 [25]낙타가 바늘귀로 들어가는 것이 부자가 하나님의 나라에 들어가는 것보다 쉬우니라 하시니 [26]듣는 자들이 이르되 그런즉 누가 구원을 얻을 수 있나이까 [27]이르시되 무릇 사람이 할 수 없는 것을 하나님은 하실 수 있느니라.

제가 다닌 고등학교는 남녀 공학, 남녀 합반이었습니다. 한창 이성에 설레던 당시, 드디어 제게도 기회가 찾아왔습니다. 심지어 일생일대의 기회가 말입니다.

고등학교 1학년 때입니다. 당시 저희 반은 2주마다 제비를 뽑아 짝을 바꾸었는데, 드디어 '그때'가 찾아온 것이지요. 연예인을 준비하던 한 친구, 즉 우리 학교에서 가장 예쁘다고 평가받는 친구와 짝을 하게 된 것입니다. 심지어 연속으로 두 번이나 당첨(?)되어 무려 한 달간 짝을 하게 되었습니다. 모든 남학우가 바라던 그 친구와의 짝. 단 한 번 되기도 어려운 짝꿍을 연속으로 두 번이나 하다니요. 게다가 저는 다른 친구들이 부러워할 정도로 그 친구와 매우 잘 지냈습니다. 그리고 비슷한 시기에 공부도 가장 잘하고 예쁜 우리 반반장과도 친해졌습니다. 다만 아직 이성에 대해 잘 모르던 나이라, 저와 그 친구들의 관계를 뭐라고 규정하기는 어려웠습니다.

그러던 어느 날, 사달이 났습니다. 그 시절에는 쉬는 시간이나 점심시간에 매점 가는 게 일상이었는데, 당시 매점에서 가장 사랑받는 메뉴는 즉석 떡볶이였습니다. 그래서 "밥 한번 먹자!", "커피 한 잔 하자!"라는 수사처럼 어쩌다 보니 자연스레 제 짝과도, 반장과도 "떡볶이나 한번 먹자!"는 약속을 하게 되었지요.

이유는 모르겠지만, 저는 그때나 지금이나 약속은 반드시 지켜야 한다는 꽤 강한 신념이 있습니다. 그래서 내뱉은 말을 지켜야 한다는 생각에 휩싸여 있었는데, 안타깝게도 고등학생 때까지 저희 집은 꽤나 가난했습니다. 신념도 결국 돈이 있어야 지킬 수 있나 봅니다. 당시 제 전 재산은 떡볶이 1인분 가격인 2,000원뿐이었습니다. 누구와 함께 가야 할지 심각한 고민에 빠지고 말았습니다. 그러다 묘안이 떠올랐고, 저는 바로 시행했습니다. 그 묘안이란 두 사람을 함께 데려가는 것이었습니다. 둘은 전혀 친하지 않았는데 말이지요. 그때 저는 남녀 간의 미묘한 관계도 잘 몰랐지만, 무엇보다 약속을 지켜야 한다는 제 신념만 중요했을 뿐이었습니다.

그렇게 그 둘을 함께 데리고 매점에 가서 떡볶이를 먹고 왔습니다. 어찌 되었을까요? 자연스레 그 둘과 멀어졌습니다. 그때는 이유를 전혀 눈치채지 못했지만, 지금은 이 기억을 떠올리기만 해도 얼굴이 화끈거립니다. 그러면서 결국 돈이 문제였다는 생각도 함께 듭니다. 사실 돈이 충분하면 겪지 않아도 될 문제였으니까요.

잠시 제 옛 추억을 나누었지만, 아마 여러분도 저처럼 돈 때문에 패배감을 느낀 적이 있을 것입니다. 돈 때문에 포기하고, 돈 때문에 무리하고, 돈 때문에 미워하고, 돈 때문에 분노하고, 돈 때문에 멀어지고……. 그럴 때마다 누구나 이런 상상을 한 번쯤 하게 됩니다. '돈이 하늘에서 비처럼 쏟아졌으면!'

돈: 탐욕의 대상에서 사랑의 도구로

우리가 살아가는 터전은 어떤 곳인가

이 책 앞 장의 핵심은 이렇습니다. 돈은 선과 악의 가치 판단 대상이 아니라 그저 도구일 뿐이라는 것. 그래서 우리가 정작 물어야 할 질문은 "돈은 선한가, 악한가?"가 아닌, "그 돈을 사용하는 당신은 누구인가?"라고 말입니다. 그런데 이와 비슷한 맥락과 강도의 또 다른 질문이 하나 더 필요합니다. 바로 "그 돈을 사용하는 이가 놓인 터전은 어디인가?" 이는 매우 중요한 질문입니다.

1장에서 다루었듯 주체가 누구인지에 따라 도구 활용법이 달라지게 마련입니다. 같은 칼로 어떤 이는 음식 만들고, 어떤 이는 사람을 찌릅니다. 그러나 이와 비슷한 비중으로 도구 활용에 영향을 끼치는 것이 바로 그 주체가 놓인 터전, 즉 '환경'입니다. 언젠가부터 국내 콘텐츠 시장을 점령한 회귀물을 예로 들어 볼까요? 칼을 들고 있는 사람이 과거로 회귀했는데 그곳이 주방이고 다들 칼로 음식 재료를 손질하고 있다면, 칼을 들고 회귀한 사람 역시 자연스레 주변 사람들을 따라 요리하는 데 그 칼을 사용할 것입니다. 그런데 칼을 든 자가 회귀한 곳이 전쟁터 한복판이라면 어찌될까요? 그 사람은 남들이 하는 대로 따라하기도 전에, 아니 어떠한 판단을 내리기도 전에, 단지 살기 위해 적을 찌르는 용도로 그 칼을 사용할 것입니다.

자신의 의지나 철학도 중요하지만, 이처럼 그가 놓인 환경도 중요합니다. 다들 같은 방향으로 살고 있다면, 그 아래에서 살아가야 하는 개인은 압도적으로 거기에 영향받을 수밖에 없는 것이 현실입니다. 때문에 돈을 사용하는 우리네 터전이 어떤 곳인지, 즉 어떤 환경적 요인이 있는지 물어야 합니다. 그것이 이번 장에서 다루고자 하는 내용입니다.

세계 경제사를 통해 보는 돈의 역사

혹시 돈이 인류 역사에 언제 어떤 식으로 등장했는지 아시나요? 수렵 채집 사회에서 농업 사회로 전환되며 인간이 큰 집단을 이루게 되자, 간단한 물물 교환에 그치던 경제 생활에 변화가 필요해지면서 돈이 탄생했다는 것이 문명사의 정리입니다. 그런데 조금 더 구체적으로 들어가면 놀라운 점을 발견하게 됩니다. 다름 아니라 돈이 처음 사용된 장소가 '시장'이 아닌 '신전'이었다는 사실입니다. 돈의 최초 사용 목적은 물자의 거래가 아닌, 물자의 분배였기 때문입니다. 도시가 안정되려면 모두가 잘 살 수 있도록 자원을 제대로 분배하는 일이 필요한데, 그러려면 모두가 동의할 수 있는 권위 아래 분배되어야 했습니다. 그리고 고대인들이 그 최종 권위를 부여한 자리가 바로 '신전'입니다(『돈은 중요하다』[IVP 역간] 3장을 참조하십시오). 이런 맥락에서 최초의 돈은 선한 목적을 위해 고안된 도구라고 볼 수 있습니다.

그런데 얼마 지나지 않아 큰 전환이 일어납니다. 일종의 원시 공

돈: 탐욕의 대상에서 사랑의 도구로

동 사회 아래 경제 생활을 영위하던 인간들이 더 부요하게 살고 싶은 욕망에 젖어 남의 생산 수단, 즉 땅을 무력으로 빼앗고, 심지어 사람을 지배하기 시작한 것입니다. 이 과정을 거치면서 절대적 지배자인 왕과, 전쟁에 져서 모든 것을 빼앗긴 피지배자인 노예가 등장합니다. '원시 공동 사회'에서 '고대 노예 사회'로 전환된 것이지요. 왕은 땅을 지배하며, 유일한 생산 수단인 땅에서 나오는 모든 생산물, 그리고 그것들의 가치를 대체하는 돈을 독점합니다. 이러한 지배와 피지배의 구도는 중세에 이르기까지 지속됩니다. 다만 약간 변주되어, 왕만이 아니라 귀족층이 지배 계층으로 등극합니다. 물론 그래 봤자 독점에서 독과점으로 바뀌었을 것뿐, 크게 달라진 것은 없습니다. 이처럼 생산 수단과 돈을 왕과 귀족이 독과점하며 여전히 다수를 지배하던 중세의 체제를 가리켜 '중세 봉건 사회'라고 부릅니다. 그러다가 지금으로부터 300여 년 전에 엄청난 전환이 찾아옵니다. '근대 자본주의'가 탄생한 것입니다.

농업에 의존한 기존 시스템에서는 오직 땅이 생산 수단의 전부였습니다. 그래서 땅을 많이 가진 자가 왕이 되거나, 왕이 땅을 전부 혹은 가장 많이 소유했지요. 그런데 산업과 상업의 발달로 게임의 규칙이 바뀝니다. 전에는 중요하지 않던, 혹은 존재하지 않던 생산 수단이 등장한 것입니다. 땅에서 나오는 기존 산물이 선사하는 돈의 가치보다, 산업과 상업으로 벌어들이는 돈이 훨씬 많아지기 시작하면서 왕과 귀족마저 그 돈을 빌려 써야 하는 지경에 이르렀습니다. 권력이 재배치된 것입니다. 한마디로 '자본'을 많이 가진 자가 신흥 권력자가 되고 많은 자본이 더 많은 자본을 낳는 토대가 마련되었습니다.

그런데 이 자본주의 역시 땅이 필요합니다. 물건과 돈을 거래할 가상의 땅, 바로 '시장'입니다. 그래야 산업으로 생산한 물건을 팔고, 돈이 계속 돌 수 있으니까요. 그런데 자국 시장이 한계에 이르면서 시장 포화로 결국 '돈맥경화'에 봉착합니다. 이때 자본주의가 처음 시작된 나라들이 찾은 해결 방안이 있습니다. 새로운 시장을 만드는 것입니다. 일견 좋은 아이디어 같지만, 사실 이것은 악마의 지혜였습니다. 약한 나라를 점령하거나 굴복시켜서 그 땅에 시장을 만드는 것이었으니까요. 그것이 바로 서구 열강이 열어젖힌 '제국주의'의 시작입니다.

제국주의를 통해 이들은 산업, 즉 공장을 돌릴 그 땅의 자원을 싼값에 강탈하고, 식민지 사람들이 세운 시장에 비싸게 물건을 강매하여 돈맥경화를 해소합니다. 식민지의 고혈을 빨아 제국의 산업과 상업을 무한정 발달시키는 것입니다. 그러나 이 역시 끝이 있습니다. 먼저 시작한 나라들뿐 아니라 뒤늦게 자본주의를 수용한 후발 주자들 역시 동일한 돈맥경화 문제를 맞닥뜨리면서 자신들도 제국이 되지 않으면 무너질 수밖에 없음을 깨달은 것이지요. 이처럼 제국이 되려던 이들과 앞선 제국들이 충돌하여 발발한 것이 1차 세계 대전입니다.

자본주의의 구조적 모순으로 등장한 1차 세계 대전. 참혹한 이 전쟁을 겪고 난 후, 세 종류의 대안이 등장합니다. '공산주의', '수정

돈: 탐욕의 대상에서 사랑의 도구로

자본주의', 그리고 가장 후발 주자인 독일과 일본의 '군국주의'입니다. 그리고 우리는 또다시 일어난 세계 전쟁, 즉 2차 세계 대전으로 독일과 일본의 군국주의가 막을 내리고, 그 이후 냉전이 지속되다가 소련의 붕괴와 함께 끝내 자본주의가 승리한 것을 알고 있습니다. 그 이후 승리한 자본주의 진영은 자신감을 얻었고, 세계는 여전히 '수정 자본주의'를 지지하는 쪽과, 최후 승리자인 믿고 보는 자본주의를 더 강화해야 한다는 '신자유주의'를 지지하는 쪽으로 나뉘어 돌아가고 있습니다. 물론 그래 봤자 모두 기본적으로는 자본주의를 골자로 합니다. 시장을 공유하는 것이지요.

돈에 대한 역사를 꽤 길게 다루었는데, 제가 말씀드리고 싶은 결론은 여러분이 어떤 생각을 갖고 있는지와 관계없이 지금의 우리는 자본주의라는 터전 위에서 돈이라는 도구를 다룰 수밖에 없다는 사실입니다. 이를 조금 더 풀어 설명하면 이렇습니다.

첫째, 현재 자본주의는 세계 유일의 경제 체제이기에, 이 체제에 대한 평가나 호불호와 별개로 우리는 따를 수밖에 없다는 것입니다. 즉 이 지구상의 거의 모든 나라가 자본주의 체제를 기반으로 돌아가기에, 개인적 호불호와 별개로 자본주의에서 도망갈 곳도, 피할 곳도 없습니다(중국식 사회주의 역시 시장은 모두 공유합니다). 둘째, 1, 2차 세계 대전의 발발과 마무리 과정에서 얻은 교훈으로, 자본주의의 핵심은 사람이 아니라 시장이라는 사실입니다. '시장'이 자본주의의 몸이고, '돈'은 피인 것이지요. 자본주의는 생존하기 위해서라면 어떤 대가도 치릅니다. 사람을 죽여서라도 시장을 세우고 키우려 한 세계 전쟁들이 좋은 교훈입니다. 셋째, 이러한 이유로, 이런 터전 위라면 모든 가치의 유일 평가 기준은 돈이 될 수밖에 없다는 점입니다. 국가 존속도, 사회 존속도, 개인 존속도 모두 돈에 달려 있음을 부정할 수 없습니다. 넷째, 본래 인간은 돈을 사랑했으나, 문명의 흐름에 따라 돈을 점점 더 사랑하게 되었다는 점입니다. 어쩌면 오늘이 인류 역사상 돈을 가장 덜 사랑할 수 있는 날일 것입니다. 반대로 인간은 아마 오늘보다 내일, 돈을 향해 더 큰 사랑을 드러낼 것입니다.

그러나 이러한 자본주의 흐름에 역행하듯 성경은 이렇게 말하고 있습니다.

> 돈을 사랑함이 일만 악의 뿌리가 되나니 이것을 탐내는 자들은
> 미혹을 받아 믿음에서 떠나 많은 근심으로써 자기를 찔렀도다
> (딤전 6:10).

다시 말하지만, 돈 자체는 결코 악이 아닙니다. 우리 삶에 필요한 도구일 뿐입니다. 그러나 '돈을 사랑하는 것'은 분명 일만 악의 뿌리입니다. 성경은 명확히 그렇게 말합니다. 그런데 앞서 정리한 바에 따르면 이러한 터전 위라면 우리는 무조건 돈을 사랑할 수밖에 없습니다. 예외는 없습니다. 마치 공기와 같아서 도무지 마시지 않을 방법이 없습니다. 이는 분명한 사실입니다. 그렇다면 이 모순적 상황에서 우리는 도대체 어찌해야 할까요?

돈: 탐욕의 대상에서 사랑의 도구로

이런 상황에 놓인 우리가 놓쳐서는 안 되는 예수님의 가르침이 있습니다. 누가복음 18장에 등장하는, 돈을 사랑하다가 결국 실의에 빠진 한 남자의 일화입니다.

"네게 있는 것을 다 팔아"

역설적이게도 이 남자는 수전노처럼 게걸스럽게 돈을 탐하는 그런 탐욕가가 아니었습니다. 그는 참으로 경건의 모양을 품고 있는 사람이었습니다. '부자 관리'라 불리는 이 사람을 마태복음은 '부자 청년'이라고 부릅니다. 뭐라고 불리든 상관없습니다. 누가복음이든 마태복음이든 그를 소개하는 정보들을 종합해 보면 얼추 그의 됨됨이가 그려집니다. 그는 사회적 스펙으로도, 신앙적 스펙으로도 완벽한 사람이고, 심지어 경제적 스펙으로는 큰 부자였습니다. 누가 보더라도 '복 있는 사람'으로 보이는, 만인의 '워너비'(wannabe) 같은 인물이랄까요? 그런 그가 예수님을 찾아와 묻습니다.

> 어떤 관리가 물어 이르되 선한 선생님이여 내가 무엇을 하여야
> 영생을 얻으리이까(눅 18:18).

그러자 예수님은 이렇게 대답하십니다.

예수께서 이르시되 네가 어찌하여 나를 선하다 일컫느냐 하나
님 한 분 외에는 선한 이가 없느니라(눅 18:19).

조금 의아합니다. 딱히 특별할 것 없어 보이는 신앙적 질문을 던
졌을 뿐인데, 예수님은 그 질문에 대답은커녕, 무슨 심사가 뒤틀리
셨는지 굉장히 까칠하게 반응하십니다. 왜 그러셨을까요? 생략되
어 모를 뿐 그의 태도가 무례했던 것일까요? 아니면 질문이 잘못되
었나요? 아마도 예수님이 불편하신 것은 그저 예의상 붙인 '선한'이
라는 수사 때문인 것 같습니다. 참고로 본문은 주제에 따라 총 세
개의 대화로 구분할 수 있는데, 여기까지가 첫 번째 대화입니다. 예
수님이 고작 '선한'이라는 수사에 왜 그렇게 까칠하게 반응하셨는지
는 뒤에서 다루겠습니다.

이어지는 두 번째 대화는 이렇게 운을 떼시는 예수님의 발언으
로 시작합니다.

네가 계명을 아나니 간음하지 말라, 살인하지 말라, 도둑질하지
말라, 거짓 증언 하지 말라, 네 부모를 공경하라 하였느니라(눅
18:20).

예수님이 "너는 계명을 알고 있을 것이다"라며, 십계명 중 5계명
에서 9계명까지 열거하십니다. 이는 이른바 '이웃 사랑'과 관련된
계명들입니다. 그러자 그는 이렇게 답합니다.

돈: 탐욕의 대상에서 사랑의 도구로

여짜오되 이것은 내가 어려서부터 다 지키었나이다(눅 18:21).

그는 예수님의 말이 끝나기가 무섭게 자신이 그 계명들을 다 지켜 왔다고 대답합니다. 참으로 당당합니다. 과연 이 당당함이 어디서 나왔을까요? 정말 그렇게 살아왔기 때문이겠지요. 타고난 사이코패스나 모사꾼이 아닌 이상, 거짓을 이렇게 당당하게 말할 수는 없습니다. 그는 정말 그 계명들을 잘 지켜 온 것입니다. 그를 수식하는 단어인 '관리'를 새번역 성경에서는 '지도자'라고 번역하였는데, 이는 단지 행정 관리가 아닌, 유대 특유의 종교적 의미가 결합된 위치를 일컫는 것으로 추측됩니다. 즉 그는 스스로뿐 아니라 타인들에게도 계명들을 잘 지켜 왔다고 인정받는 사람인 것입니다.

나아가 또 다른 주요 증거 역시 놓쳐서는 안 됩니다. 그를 그냥 부자가 아닌, '큰 부자'로 부르고 있다는 점 말입니다(23절). 당시 유대인들은 구약의 잠언이 말하는 규범적 지혜에 따라 재물의 많음, 즉 부요함이 하나님이 의로운 자에게 주시는 보상이자 복이라는 인식을 갖고 있었습니다.

그렇다면 그는 한마디로 완벽하다고 부를 만한 자입니다. 그 자신의 내적 증거와, '지도자'라는 호칭에서 알 수 있듯 타인들에 의한 외적 증거, 게다가 큰 부자라는 신앙적 증거까지. 그래서 그리 당당할 수 있는 것 아닐까요? 그러나 다른 사람들, 심지어 자기 자신마저 속일지언정, 예수님의 눈만큼은 속일 수 없었습니다. 그 당당한 발언을 들으신 예수님은 부자 자신조차 지금껏 알지 못한, 그의 본질을 정확히 관통하는 메시지를 던지십니다.

> 네게 있는 것을 다 팔아 가난한 자들에게 나눠 주라(눅 18:22).

그러자 그는 이렇게 반응합니다.

> 그 사람이 큰 부자이므로 이 말씀을 듣고 심히 근심하더라(눅
> 18:23).

그토록 대단하던 그의 당당함이 예수님의 발언 앞에 이내 '심각한 근심'으로 뒤바뀌어 버렸습니다.

여기까지가 본문이 그리는 두 번째 대화입니다. 그런데 여기에서 또 다른 의문이 생깁니다. 예수님의 제안이 도대체 어떤 의미를 담고 있기에, 나아가 그 말씀이 이 사람의 무엇을 건드렸기에 이렇게나 한순간에 주저앉은 것일까요? 이 모든 의문을 해소하려면, 두 번째 대화의 시작이 어떠했는지를 주목해 보아야 합니다. 앞서 예수님은 이렇게 말씀하셨습니다.

> 네가 계명을 아나니(눅 18:20).

분명 예수님은 '계명을 안다'고 하셨습니다. 그런데 이에 대해 부자는 '계명을 다 지켰다'라고 응수합니다(21절). 이 차이에 주목해 보

돈: 탐욕의 대상에서 사랑의 도구로

십시오.

예수님이 보실 때 그는 계명을 모두 잘 알고 있습니다. 그러나 '아는 것'과 '지키는 것'은 엄연히 다릅니다. 그 부자는 유대인들, 특히 유대적 의로움을 뽐내는 이들의 모순을 상징하는 대표 인물로 보입니다. 의로운 유대인들의 말과 행동에는 언제나 자신들이 계명을 잘 '지켰다'는 것이 전제되어 있습니다. 그러나 예수님은 그들이 계명을 잘 '안다'고 전제하시지만, 언제나 '지킨 것'은 아님을 강조하십니다. 그들이 지킨다고 하는 그 열심이 도리어 율법에 담긴 하나님의 뜻에 반하는 것이었다고 하시지요. 왜냐하면 그들이 지킨다고 말하는 것은 하나님의 뜻을 수행하는 것이 아닌, 율법에 매몰된 '율법주의'였고, 이를 기반으로 그들은 항상 성속 이원적 태도로, 복잡한 인간의 삶을 매우 단순하게 다루어 왔기 때문입니다. 그래서 율법 규정을 행하는지 행하지 않는지를 토대로 기계적이며 흑백 논리적으로 신앙을 판단하고, 사람들을 호도하였습니다. 그런데 이에 굽히지 않고 예수님도 언제나 동일하게 말씀하셨습니다. 율법을 지킨다는 것의 핵심은 율법 조문들을 문자적으로나 기계적으로 수행하는 것이 아니라, 율법을 주신 하나님의 의도대로 수행하는 것이라고 말이지요.

그렇다면 하나님의 의도는 무엇입니까? 율법들을 통해 비추신 의도들을 종합하여 요약하면 오직 이것만 남습니다. 바로 '하나님과 이웃에 대한 사랑'입니다. 때문에 하나님의 그러한 의중에 주목한다면, 우선 율법 조문 자체의 적용 방식도 상황에 맞추어 변형할 수 있을 것입니다. 오직 그분의 최종 의지인, 사랑을 이루기 위해서요. 나아가 율법 조문에 포함되지 않은 상황에서도 주체적으로 하나님이 주신 의도를 구현하기 위해 살아갈 것이 분명합니다. 그 사랑을 이루기 위해서요. 바로 이것이 '지키는 것'입니다.

그 관리는 예수님이 말씀하신 5계명에서 9계명까지, 즉 십계명 중 이른바 이웃 사랑과 관련된 계명들을 다 지켰다며 당당하게 말했지만, 실상 그 계명을 정말로 지켜 왔는지를 드러내는 리트머스 시험지인 "네게 있는 것을 다 팔아 가난한 자들에게 나눠 주라"는 문제 앞에서는 그동안 품고 있던 그의 진심을, 그리고 진실을 드러내 버리고 말았습니다. "심히 근심하더라"가 바로 그 증거입니다. 결국 그는 스스로 확신한 것처럼 율법을 '지킨' 것이 아니라, 예수님 말씀처럼 그저 율법을 '알았을' 뿐입니다. 확신의 강도와 진실 여부는 별개입니다.

이 '심한 근심'은 자신의 부요함을 하나님이 주신 것으로 믿는 것 역시 허상임을 드러냅니다. 그동안 자신이 하나님의 청지기이고 그로 인해 이와 같은 부를 누리고 있다고 자부해 왔지만, 실제로는 하나님이 자신의 청지기였던 것이지요. 사실 모두 '내 것'이었습니다. 무엇보다 이 근심은 그가 평소에 하나님만이 '선하시다'라고 말한 게 진실이 아니었다는 것을 증명합니다. 그에게 절대적 선은 '하나님'이 아닌 '돈'임이 분명합니다. 그런데 그 선함이 사라진다고 생각하니 근심에 빠질 수밖에요.

돈: 탐욕의 대상에서 사랑의 도구로

'부자'의 의미

여기서 여러분은 살짝 화가 날 수도 있습니다. 우리 모두 돈 앞에 작아지는 그런 평범한 사람들 아니던가요? 누가 봐도 예수님의 이 제안은 매우 극단적으로 보입니다. 갑작스럽고 극단적인 이런 명령 앞에 근심 좀 할 수 있는 것 아닙니까? 그런데 이런 것들을 근거로 그의 모든 신앙 여정을 부정하고, 심지어 하나님이 아닌 돈을 사랑했다고 여기는 건 억측 아닌가 싶습니다.

맞습니다. 누구도 당시 그 현장에 있던 게 아니기에, 그 대화 전후로 어떤 일이 있었는지 모릅니다. 무엇보다 우리는 이 부자의 실제 삶을 알지 못합니다. 그러나 우리가 참고할 수 있는 유일한 증거인 성경은 그가 근심한 이유를 분명히 이렇게 언급합니다.

그 사람이 큰 부자이므로(눅 18:23).

여기 '부자'라는 말에 주목해 보십시오. 이때 쓰인 '부자'라는 단어는 사전적 의미의 '재산이 많은 자'를 일컫는 것일까요? 그렇지 않습니다. 여기서 부자는 성경이 규정한 이 사람의 정체성 혹은 평가입니다. 본문은 처음에 그를 '관리'라고 불렀으나, 두 번째 대화 말미에는 '큰 부자'라고 부릅니다. 그러고 나서 예수님은 계속 '부자'라고 표현하시며 말씀을 이어 가십니다.

동일한 사건을 다룬 마태복음에서는 '부자'라는 단어의 정체성적 의미가 더 두드러집니다(마 19:16-30 참조). 마태복음은 처음에 그를 '청년'으로 부르다가, 두 번째 대화 이후로는 계속 '부자'라고 언급합니다. 그와의 대화 이후 이어지는 예수님의 가르침이나 표현의 반복 사용에 미루어 보면, 여기서 말하는 '부자'는 단순히 재산의 많음을 의미한다기보다는, 전달하고 싶은 메시지가 함축되어 있음을 유추할 수 있습니다. 즉 여기서 거듭 언급되는 '부자'란 돈을 도구로 바라보는 자가 아닙니다. 돈에 '선함', '복'이라는 가치를 투영해 버린, 그래서 돈이 이미 목적 자체가 되어 버린 자를 일컫는 말입니다. 자기 정체성을 돈에 두고 살아가는 사람을 규정한 성경의 표현이 바로 '부자'인 것이지요.

그렇다면 우리에게 혼돈을 가져다준 다음 구절 역시 이해할 수 있습니다.

> 낙타가 바늘귀로 들어가는 것이 부자가 하나님의 나라에 들어
> 가는 것보다 쉬우니라(눅 18:25).

지금까지 끌고 온 맥락에 근거하면, 부자는 하나님 나라에 들어갈 수 있습니다. 예수님의 발언을 뒤집는다고 생각하지는 마십시오. 저에게는 그럴 권한이 없습니다. 단, 이때 '부자'는 재물이 많은 사람, 즉 사전적 의미의 '부자'입니다. 그는 그저 도구로서의 돈이 많은 것이기 때문입니다. 그리고 그런 사전적 의미의 부자라면 예수님을 믿는 믿음에 의해 하나님 나라에 들어갈 수 있습니다. 그러

돈: 탐욕의 대상에서 사랑의 도구로

나 돈을 선한 것으로 규정하고, 그 돈을 삶의 목적으로 삼은 자를 일 컫는 '부자', 즉 정체성으로서의 '부자'는 결코 하나님 나라에 들어갈 수 없습니다. 물론 이것은 돈에만 국한되는 것이 아닙니다. 하나님 외의 그 무언가를 하나님으로 여기는 자는 당연히 하나님 나라에 들어갈 수 없습니다. 말 그대로 그곳은 '하나님의 나라'이기 때문입 니다. 하나님 외에 다른 것을 하나님으로 삼아 온 우상 숭배자들의 자리는 없습니다.

그런데 이 맥락에 따르면, '가난한 자' 역시 마찬가지입니다. 재 물의 적음을 의미하는, 즉 사전적 의미의 가난한 자는 하나님 나라 에 들어갈 수 있습니다. 아니, 자신의 결핍에서 오는 비루함으로 인 해 하나님만 더욱 의지하기 때문에 그 나라에 들어갈 가능성이 더 큽니다. 그러나 돈을 절대 선으로 규정한 채, '나도 저렇게 부자가 되고 싶다'면서 그것만 열망하고, 돈이 삶의 목적이 되어 버린 자는 결코 하나님 나라에 들어갈 수 없습니다. 그는 겉으로만 '가난한 자' 일 뿐, 그의 실제 정체성은 '부자'이기 때문입니다.

그런데 이와 같은 '정체성으로서의 부자'는 하나님 나라에 들어 가지 못하는 것만이 문제가 아닙니다. 또 다른 문제에도 봉착합니 다. 이들은 '이미 임한' 하나님 나라도 살아 내지 못하기 때문입니 다. 무슨 말일까요? 젊은 관리는 처음에 이렇게 물었습니다.

내가 무엇을 하여야 영생을 얻으리이까(눅 18:18).

앞서 분명히 언급했습니다. 그는 지금까지 율법을 잘 지켰다는 내적 증거, 외적 증거, 신적 증거까지 갖춘 자라고 말입니다. 그렇다면 자기가 믿는 신앙 체계를 토대로 이런 풍성한 증거들까지 넘쳐나는데, 영생은 따 놓은 당상 아닐까요? 그런데도 굳이 다시 묻는 것은 무엇 때문일까요? 다른 바리새인들과 예수님이 논쟁할 때는 보통 시험하기 위해 물었다고 언급된 것과 달리, 이 대화에는 그가 예수님을 시험하기 위해 물었다고 언급되어 있지는 않습니다. 그렇다면 이 질문은 아마도 의롭다는 외적 증거가 넘쳤음에도, 그의 심연에서 일어나는 어떤 불안함에서 비롯된 것 아닐까요? 영혼의 아우성에서 느껴지는 불안인 것이지요.

신앙생활을 아무리 열심히 하더라도, 또한 열심히 해왔더라도 상관없습니다. 정체성으로서의 부자는 이러나저러나 구원에 대한 불안에서 자유롭지 못하기에 결국 이 부자 관리처럼 근심 가운데 머물게 됩니다. 아마 그는 예수님의 제안을 들은 순간, 모든 재물을 잃어버린 미래를 상상했을 것입니다. 그것이 근심으로 이어진 것이지요. 그런데 이는 '그' 부자만의 문제가 아닙니다. 시대를 막론하고 정체성으로서의 부자라면 모두 겪는 증상입니다. 그 정체성이 결국 불안과 근심을 일으킵니다. 이처럼 정체성으로서의 부자는 하나님 나라에 들어가지 못하지만, 이 땅에서도 불안과 근심 아래 하나님 나라를 살지 못합니다. 이것이 진실입니다.

돈: 탐욕의 대상에서 사랑의 도구로

여기에 엄청난 문제가 도사리고 있습니다. 어느 시대에나 '부자'를 자신의 정체성으로 삼은 자는 많았습니다. 특히 이번 장 처음에 정리한 것처럼, 우리가 사는 터전인 자본주의 체제는 그 안에서 살아가는 모든 이를 부자라는 정체성으로 살도록 몰아갑니다. 물론 자신은 아니라고 주장할 수 있습니다. 특히 가진 재물이 적을수록 말이지요. 그러나 바닥이 싫다고 공중에서 살 수 없는 것처럼, 오늘날 자본주의의 터전에서 살면서 이로부터 자유로운 자는 없습니다. 이미 우리 주변에 그 증거가 차고 넘치지 않나요? 아무리 벌어도 충분하다고 느낀 적 없고, 있더라도 사라질 것에 대한 두려움으로 불안해하고 근심하는 딜레마 말입니다.

복음서에는 '맘몬'이라는 단어가 종종 등장합니다. 이를 '재물'이라고 번역하지만, 재물을 뜻하는 다른 단어들과 달리 맘몬은 남다른 의미가 부여되어 있습니다. 일명 '신격화된 재물'이랄까요? 그런 뜻으로 전달하고 싶을 때, 복음서는 맘몬이라는 단어를 사용합니다. 그런데 이 말의 어원이 독특합니다. 교회에서 자주 쓰이는 말과 어원이 동일합니다. 힌트를 드리자면, '반드시 그렇게 될 것입니다'라는 뜻을 지닌 말입니다. 바로 '아멘'입니다. '아멘'과 '맘몬'은 어원이 같은 단어입니다. 뭔가 의미심장하지 않나요? "반드시 그렇게 될 것입니다! 단, 돈에 의해!"라고 외치는 것 같습니다.

자본주의는 그 체제에 매몰된 일부만이 아닌, 그 터전 위에 사는 모두를 돈이라는 도구를 선으로, 아니 신으로, 즉 맘몬으로 추종하게끔 유도합니다. 그래야 그 체제가 유지될 수 있으니까요. 그래서 저는 논란이 된 누가복음 18장 25절을 우리 실정에 맞게 한 번 더 이렇게 의역해야 한다고 생각합니다. "자본주의 아래 살면서 하나님 나라에 들어가는 것보다 손성찬이 삼성 회장 되는 게 더 쉽다!"

살짝 혼란스러우신가요? 아니면 뭔가 억울하신가요? 우리가 원한 바도 아니고 태어나 보니 이 시대인데, 그리고 돈을 들고 살 수밖에 없는 세상인데, 도대체 어쩌라는 건가 싶으신가요? 그렇다면 우리는 모두 하나님 나라에 절대 들어갈 수 없는 존재인 건가요? 여러분이 그렇게 결론 내리신다면, 저는 잘못된 성경 해석으로 사람들을 호도하는 이단이 될 것입니다. 아닙니다. 우리는 이 부자가 근심하며 그 자리를 떠난 후, 주변 청중과 예수님 사이에 이어진 세 번째 대화에 주목해 보아야 합니다. 그 대화에 답이 있으니까요.

우리뿐 아니라 당시에 그 대화를 듣던 주변 사람들 역시 엄청나게 혼란스러웠던 것 같습니다. 이는 자신들이 믿는 신앙 체계에서는 모든 검증이 완벽히 끝난 저런 사람조차 하나님 나라에 가지 못한다면, 도대체 누가 하나님 나라에 들어갈 수 있느냐는 내적 반문에서 비롯된 혼란입니다. 한마디로 "목사는 결코 하나님 나라에 들어갈 수 없다!"고 하는 것과 같으니까요. 그래서 웅성대던 사람들이 예수님에게 "그런즉 누가 구원을 얻을 수 있나이까"(눅 18:26)라고 여쭈었습니다.

예수님이 대답하십니다.

돈: 탐욕의 대상에서 사랑의 도구로

이르시되 무릇 사람이 할 수 없는 것을 하나님은 하실 수 있느
니라(눅 18:27).

사람들은 계속 이렇게 묻습니다. "내가 무엇을 해야 복을 얻겠습
니까?" 이에 대해 세상은 많은 답을 내어 놓습니다. 쾌락, 권력, 명
예, 관계, 재물……. 그리고 어떤 이들은 더 고상한 데서 답을 찾습
니다. 유대인들처럼 율법과 같은 신앙적인 준칙 혹은 덕을 함양하
는 준칙 말입니다. 그런데 다 쓸데없다는 듯, 우리 시대는 최고의
선에 대한 정답이 이미 정해져 있는 것처럼 보입니다. '돈'이 바로
그 주인공이지요.

그러나 앞서 열거한 모든 것은 아무리 선하고 좋게 보일지라도,
그저 도구일 뿐입니다. 사람들이 선이라고 믿고 있을 뿐이지요. 이
처럼 아무리 괜찮은 도구도 인간이 '선'으로 규정하고 가치를 투영
하는 순간, 도리어 그것이 인간을 망쳐 버립니다. 그중 가치가 투영
되어 인간을 망치는 돈을 가리켜 '맘몬'이라고 부를 뿐입니다. 그래
서 예수님은 부자와 나누는 대화 초반부에 이렇게 말씀하셨습니다.

하나님 한 분 외에는 선한 이가 없느니라(눅 18:19).

정말 그러합니다. 우리가 유일하게 '선함'에 대해서, '좋음'에 대
해서 확신할 수 있는 것은, 확신할 수 있는 분은 단언컨대 하나님 외
에는 없습니다. 이제야 처음의 그 의문, 즉 상투적으로 들리는 인사

에 예수님이 냉소적으로 대답하신 의문이 풀리는 듯합니다. 선한 분은 하나님 한 분밖에 없기 때문입니다.

무엇보다 기억해야 할 것은 바로 이것이 '복음'이라는 사실입니다. 부자든 가난한 자든, 아픈 자든 약한 자든, 그 어떤 수식어가 붙어 있든 관계없습니다. 자신에게 붙은 수식어, 자신이 들고 있는 도구가 결코 자신을 선하게 하지 못한다는 것을 깨닫고, 유일하게 선한 분, 그래서 나를 그 선으로, 그 좋음으로 이끄실 수 있는 유일한 존재가 하나님임을 굳게 믿는 이라면, 누구든 하나님 나라에 들어갈 수 있습니다. 그 나라의 주인이신, 그리고 여러분이 정말 유일한 선이라고 확신하는 그 하나님이 여러분을 자신의 나라에 들어가게 하시고, 이 땅에서부터 하나님 나라를 살게 하시기 때문입니다.

비우고 따르라

그렇다면 우리는 어찌 살아야 할까요? 예수님은 그 부자에게 이렇게 말씀하셨습니다.

> 예수께서 이 말을 들으시고 이르시되 네게 아직도 한 가지 부족한 것이 있으니 네게 있는 것을 다 팔아 가난한 자들에게 나눠 주라 그리하면 하늘에서 네게 보화가 있으리라 그리고 와서 나를 따르라 하시니(눅 18:22).

돈: 탐욕의 대상에서 사랑의 도구로

분명히 "네게 있는 것을 다 팔아 나눠 주라"고 하셨습니다. 이 말은 단순히 구제하라는 말이 아니라, "네가 목적 삼고 있는 것을 버리라!", "비우라!"는 요청입니다. 이어서 "그리고 와서 나를 따르라"고 하십니다. 이것이 우리가 추구해야 할 바, 즉 '비움'과 '따름'입니다.

이에 대해 "무엇을 하는 게 따르는 것입니까? 어떻게 해야 따를 수 있습니까?"라는 구체적인 방법론에 대한 질문을 이어 가지는 않기를 바랍니다. 그것은 이 장의 메시지를 아직도 오해하고 있다는 방증이니까요. 그럼에도 갈피를 잡기 위해 조금 더 선명한 대답이 필요하다면, 다시 한 번 예수님의 발언에 주목하는 것이 좋겠습니다. '비우고 따른다'는 것이 어떤 의미인지를 예수님이 이미 말씀하셨기 때문입니다. 부자 관리와 대화하기 직전에 예수님이 하신 말씀입니다.

> 내가 진실로 너희에게 이르노니 누구든지 하나님의 나라를 어린아이와 같이 받아들이지 않는 자는 결단코 거기 들어가지 못하리라(눅 18:17).

예수님은 하나님 나라가 어린아이들과 같은 자의 것이라고 말씀하십니다. 아이들의 본성이 착하거나, 착한 행동을 많이 해서일까요? 아닐 것입니다. 단 한 녀석만 키워 봐도 "이래서 인간을 죄인이라고 하는구나"라고 바로 알 수 있으니까요. 그렇습니다. 아이들의 선함 때문은 아닙니다. 다만 어린아이에게 확실한 특성이 하나 있습니다. 바로 부모에 대한 '절대 의존성'입니다.

그런 의미에서 옆 사람에게 한번 물어 보십시오. "엄마랑 100억, 둘 중 하나만 선택할 수 있다면 무엇을 선택하시겠습니까?" 제게 묻는다면, 100억 주는 그 사람을 엄마라고 부를 수도 있을 것 같습니다만. 저만 그럴까요? 그러나 어린아이는 전혀 다릅니다. 물론 아이들도 어느 정도 나이가 되면, 당연히 돈이 귀한 줄 압니다. 그것으로 많은 것을 할 수 있다는 것도 압니다. 하지만 "엄마랑 100억 중 무엇을 선택할래?"라고 묻는다면, 그들은 조금도 주저하지 않고 '엄마'를 택합니다. 그것이 그들에게 절대 가치이고 절대 선이기 때문입니다('아빠'와 '100억'은 묻지 마십시오. 크게 상처받을 수도 있습니다). 이것이 비우고 따른다는 것입니다. 이 세상 유일 선, 자신의 부모를 그렇게 바라보는 아이처럼 하나님을 보는 것 말입니다. 그것이 하나님 나라를 지금 여기에서 살아가고, 하나님 나라에 들어가는 이의 정체성입니다. 그리고 이를 '제자'라는 숭고한 호칭으로 부릅니다.

터전을 공부하라

더불어 한 가지 제안하자면, 우리에게는 공부가 필요합니다. 우리가 놓인 터전의 체제, 즉 자본주의를 이해해야 합니다. 예수님 시대에도 부자는 많았지만, 돈이 피요, 시장이 몸인 자본주의 시대에 사는 우리의 현실은 그들과 차원이 다릅니다. 우리 시대의 사람들은 날마

돈: 탐욕의 대상에서 사랑의 도구로

다 부자 수액을 맞고, 부자 수업을 받습니다. 오감을 통해 얻는 정보 대부분은 자본주의적 가치를 찬양하고 교육하는 내용으로 가득합니다. 아침에 일어나서 밤에 잠들 때까지 사람들이 얼마나 많은 광고에 노출됩니까? 때문에 도구 사용법, 즉 돈 버는 법을 공부하기에 앞서 우리가 서 있는 이 터전인 자본주의를 공부해야 합니다.

혹시 자본주의를 비판하는 것으로만 들렸다면, 분명 오해입니다. 어떤 이념이든, 어떤 체제든 인간은 자신이 만들어 낸 것 안에서 주된 우상을 세웁니다. 지금 우리 시대의 절대 체제는 자본주의이고, 이 체제는 돈만 최고 우상으로 세울 뿐임을 인정해야 합니다. 때문에 이 자본주의가 어떻게 형성되었고, 본질은 무엇이며, 어떻게 흘러가고, 무엇을 요청하며, 이 체제의 희생물은 무엇인지 등에 대한 거시적 이야기부터 그것이 우리네 일상에 어떤 영향을 끼치는지 등의 미시적 이야기에 이르기까지 우리는 공부해야만 합니다. 그 뒤에 비로소 분별할 수 있습니다. 그런 후에 실제 내 삶에서 돈이라는 도구를 어떻게 벌고 쓸지에 대한 '원칙'도 세울 수 있습니다. 모르면 끌려 다닐 수밖에 없고, 자신도 모르는 새 이 도구를 목적 삼고 있을지도 모릅니다. 부디 여러분 손에 들려진 돈이 신이 되지 않길 바랍니다.

1. 당신이 이해하고 있는 자본주의에 대해 설명해 보십시오.

2. 돈에 대한 당신만의 관점이 형성된 사건이나 쟁점을 나눠 봅시다.

3. 인생 전반을 돌아보며, 돈을 신으로 여기던 때와 도구로 여기던 때를 정리해 봅시다. 어떤 이유에서 그런 차이가 생겼습니까?

4. 근래에 돈과 관련하여 근심되는 부분이 있다면 나눠 봅시다.

5. 당신의 정체성은 부자와 제자 중 어느 쪽에 가깝습니까? 그렇게 생각하는 이유는 무엇입니까?

6. 예수님이 당신에게 찾아오신다면 돈과 관련하여 어떤 권면을 하실 것 같습니까?

유일하게 선하신 한 분 하나님, 유일하게 선하신 주님이 우리를, 그리고 이 세상을 선하게 창조하셨음을 찬양합니다. 그러나 타락 이래 우리는 우리를 위해 지어진 도구들을 하나님처럼 섬기며, 수단과 목적이 뒤바뀐 채로 살아 왔습니다. 그 중심에는 돈이 있습니다. 우리 시대는 그것을 신의 자리에 놓았습니다. 그 아래 자유로울 수 없는 우리 모습을 고하오니 용서하소서. 이제 오직 하나님만이 선하신 분임을 고백하며, 돈을 그저 도구로 보고 사용하길 원합니다. 하나님을 나의 청지기 삼은 자가 아닌, 내가 하나님의 청지기로 살게 하소서. 비우고 따르며, 또한 분별하고 지키게 하소서. 그리스도 예수 이름으로 기도합니다. 아멘.

*

하나님의 것은 결코 돈으로 구할 수 없다.
_테르툴리아누스

지갑이 회심하지 않으면 참된 회심이 아니다.
_존 웨슬리

*

3장

맘몬에서 예수께로

누가복음 19장 1-10절

[1]예수께서 여리고로 들어가 지나가시더라 [2]삭개오라 이름하는 자가 있으니 세리장이요 또한 부자라 [3]그가 예수께서 어떠한 사람인가 하여 보고자 하되 키가 작고 사람이 많아 할 수 없어 [4]앞으로 달려가서 보기 위하여 돌무화과나무에 올라가니 이는 예수께서 그리로 지나가시게 됨이러라 [5]예수께서 그곳에 이르사 쳐다 보시고 이르시되 삭개오야 속히 내려오라 내가 오늘 네 집에 유하여야 하겠다 하시니 [6]급히 내려와 즐거워하며 영접하거늘 [7]뭇사람이 보고 수군거려 이르되 저가 죄인의 집에 유하러 들어갔도다 하더라 [8]삭개오가 서서 주께 여짜오되 주여 보시옵소서 내 소유의 절반을 가난한 자들에게 주겠사오며 만일 누구의 것을 속여 빼앗은 일이 있으면 네 갑절이나 갚겠나이다 [9]예수께서 이르시되 오늘 구원이 이 집에 이르렀으니 이 사람도 아브라함의 자손임이로다 [10]인자가 온 것은 잃어버린 자를 찾아 구원하려 함이니라.

이 책 2장에서 '하나님 나라는 어린아이 같은 자의 것'이라는 예수님의 말씀을 설명하면서 "엄마와 100억 중 뭘 선택할래?"라고 묻는다면 어찌 반응할지 물어봤습니다. 그리고 성인들의 대답과 달리, 아이들은 주저 없이 당연히 '엄마'를 선택할 것이라고 했습니다. 이것은 추정이 아닙니다. (질문했을 당시) 각각 열 살, 여덟 살인 제 아이들에게 확인해 본 사실입니다. 그런데 그 질문을 조금 변형하여 이렇게 묻는다면 무엇이라고 대답하시겠습니까? "당신은 100억과 자기 자신 중 무엇을 선택할 것인가요? 단, 100억을 선택하는 경우, 인간성 일부가 사라집니다." 여러분의 대답을 듣기 전에, 여기 이미 100억을 선택해 버린 사람을 소개해 보려고 합니다.

자신을 버리고 100억을 선택한 사람

앞 장에서는 부자라는 정체성으로 살아왔고, 끝까지 부자로 남고자 한 젊은 관리에 대해 나누었습니다. 잠시 복기해 보면, 단순히 돈이 많다는 뜻의 부자는 천국에 갈 수 있으나, 앞서 나눈 부자의 경우처럼 정체성이 부자인 사람은 천국에 갈 수 없다는 결론을 내렸습니다. 그래서 '저 사람만큼은 천국에 있을 거야'라고 굳게 믿은 군중은 혼란에 빠졌지요. 그들은 예수님에게 "그렇다면 도대체 누가 구원 받을 수 있겠는가?"라고 물었고, 예수님은 이렇게 답하셨습니다.

무릇 사람이 할 수 없는 것을 하나님은 하실 수 있느니라(눅 18:27).

그래 봤자 고작 도구나 수식어 정도에 불과한 것들을 삶의 목적 삼는 데서 벗어나, 부모에게 절대 의존하는 아이처럼 하나님에게 의존하는 자를 하나님이 반드시 구원하신다는 대답입니다. 이 모든 이야기가 누가복음 18장 하반부에 기록되어 있습니다. 그리고 뒤이어 이번 장에서 소개할 본문인 누가복음 19장이 등장합니다.

누가복음 19장은 하나님 나라에 들어갈 수 없음이 확실한 부자, 즉 자신을 버려서까지 돈을 움켜쥔 또 다른 정체성으로서의 부자를 소개합니다. 그런데 이 사람의 이야기가 심상치 않습니다. 마치 "부자는 하나님 나라에 들어갈 수 없다"는 예수님의 공개 선언이 틀렸다는 듯, 삶의 방향을 돌이켜 지금 여기에서 하나님 나라를 살게 된 이야기를 그려 가기 때문입니다. 성경은 그를 이렇게 소개합니다.

삭개오라 이름하는 자가 있으니 세리장이요 또한 부자라(눅 19:2).

그의 이름은 '삭개오'입니다. 그리고 그의 사회적 명함은 '세리장' 입니다. 동시에 그를 가리키는 수식어 역시 눈에 띕니다. '부자.' 이

돈: 탐욕의 대상에서 사랑의 도구로

를 통해 우리는 누가복음이 이 삭개오라는 부자를, 직전 18장에 등장한 부자와 견주어 보길 요청하고 있다는 것을 어렵지 않게 눈치챌 수 있습니다.

이 소개는 우리에게 또 다른 정보도 전합니다. 세리장과 부자라는 수식어를 연달아 언급함으로써, 삭개오의 부가 어디서 비롯되었는지를 설명하는 것입니다. 그리고 이를 통해 그를 왜 그저 돈이 많다는 의미의 부자가 아닌, 정체성으로서의 부자로 결론 낼 수 있는지를 알 수 있습니다.

당시 로마 제국은 자신들이 지배하는 속주마다 세금 걷는 방식을 달리했는데, 이스라엘에서는 도급제 방식으로 걷어 들였습니다. 일종의 하청을 주는 방식이지요. 먼저 유대인 가운데 지역 대표인 세리장을 선발합니다. 그리고 그에게 그해의 할당 과세액을 지정해 주면, 일종의 시/도급 세무 책임자인 그가 다시 동마다 세리를 선발하여 재하청을 주는 방식입니다.

이런 구조라면 모름지기 로마 관리에게 뒷돈을 많이 바치는 자가 세리장이 될 가능성이 크기에, 이 세리장 역시 재하청을 주는 세리를 그런 식으로 고용했을 가능성이 큽니다. 재하청을 받은 세리는 로마 제국에 내야 할 세금에 세리장에게 낼 수수료, 거기에 자기가 챙길 이익까지 얹어서 징수했습니다. 그래서 당시 유대 민중은 이처럼 로마에 부역하며 동족의 고혈을 빨아 가는 세리를 찢어 죽일 듯이 미워했습니다. 그들은 매국노를 넘어 그냥 '개'였습니다. 그들의 대표인 세리장은 두말하면 잔소리였겠지요.

때문에 누가복음 18장에 등장하는 부자 관리와 19장의 세리장 삭개오는 분명 동일하게 큰 부자지만, 사람들에게 전혀 다른 대우를 받았습니다. '다른 사람은 몰라도 저 사람만큼은 반드시 하나님 나라에 있을 것'이라 여겨지던 부자 관리와 달리, '다른 사람은 몰라도 저 ××만큼은 반드시 지옥에 있을 것'이라 여겨진 인물이 삭개오였습니다. 그러나 성경은 이 둘을 각각 '관리', '세리장'이라는 공식적 직함으로만 언급할 뿐, 당연한 세간의 평가는 기록하지 않습니다. 오히려 이 둘을 동일하게 '부자'라고 기록합니다. 그러고 보면 사람들의 평가는 상반되지만, 성경의 평가는 동일합니다. 이러니저러니 해도, 결국 돈이 자신을 복되게 만든다는 믿음으로 사는, 그저 정체성으로서의 부자일 뿐입니다.

돈을 택한 자의 현존

그렇다면 삭개오는 어쩌다 부자라는 정체성에 이르게 되었을까요? 그렇게 욕을 먹으면서 말이지요. 정확히 말하면, 그렇게 욕먹을 것을 알면서 말입니다. 이 역시 성경이 어느 정도 정보를 주고 있습니다. '삭개오'라는 이름이 그 단서입니다.

'삭개오'는 '순수하다'라는 단어를 어원으로 하는 이름입니다. 문헌 연구에 따르면 이 이름은 당대에 종종 쓰이던 것으로, 보통은 율법적 혹은 유대적인 의미에서 '순수함'이라는 뜻으로 붙인 이름입니

돈: 탐욕의 대상에서 사랑의 도구로

다. 이를 통해 이 삭개오가 혈통으로 분명 아브라함의 후손이라는 것, 나아가 유대적 가치와 율법을 중요하게 생각하는 집안 출신으로 그와 같은 신앙적 세계관 속에서 성장했다는 것을 무리 없이 유추할 수 있습니다.

반면, 그가 살던 당대 현실은 어떠했을까요? 유대적 순수함이라는 뜻의 이름을 내놓기에는 자신이 놓인 현실이 그저 잔인하기만 했습니다. 아브라함의 피가 단 한 방울도 섞이지 않은 로마의 폭압적 지배 아래, 유대 민중은 복됨이 아닌 고난의 행군을 하고 있었습니다. 물론 모든 유대인이 힘든 것은 아니었습니다. 세상 원리가 늘 그렇듯, 부자 관리처럼 대를 이어 거대한 부를 물려받은 이들은 오히려 민족적 위기 덕에 이전보다 잘 살기도 했습니다. 이들은 경제적 부요라는 기반이 있기에 율법을 잘 지키는 것 역시 전혀 부담이 없었습니다. 그러나 삭개오의 집안도 그러했을까요? 이러한 사실의 조각들과 거기에서 유추된 상황들을 토대로 상상의 나래를 펼쳐 삭개오의 삶을 재구성해 보겠습니다.

삭개오는 자신의 이름 뜻대로, 율법을 지키며 하나님을 통한 여러 소망을 품었을 것입니다. 그러나 실제 마주한 자신의 삶, 그리고 유대 민중의 삶은 몹시 보잘것없고 구차했습니다. 이에 반해 로마 제국은 절대 무너지지 않을 것처럼 보입니다. 그리고 무엇보다 이런 고통을 겪고 있는 자신들을 하나님이 전혀 도와주시지 않는 것 같습니다. 아무리 율법적 순수함을 지향한들, 비루한 것은 여전히 변함없습니다. 그리고 보니 하나님을 순수하게 믿으면 복을 얻는

다고 말하는 자들의 삶이 도리어 복 없어 보입니다. 그저 다들 정신 승리에 도취된 것만 같습니다. 삭개오는 더 이상 그딴 식으로 정신 승리하며 비루하게 살고 싶지 않습니다. 그렇다면 이런 자신의 삶을 전격적으로 바꿀 수 있는 대답은 하나뿐입니다. 절대자 로마 제국에 부역하여 얻는 절대 힘, '돈'입니다.

다행히 삭개오에게는 불굴의 의지와 이를 받쳐 줄 수완이 있었던 것 같습니다. 그렇게 그는 결국 그토록 바라던 부자가 되었습니다. 그러나 그는 큰돈을 선택함으로 자신의 인간성을 버린 사람입니다. 물론 억울합니다. 그저 자신이 복되다고 확신한 것을 얻기 위해, 누구보다 최선을 다해 살아왔을 뿐인데, 남들처럼 경건한 척하지 않고 그저 부자가 되고 싶은 욕망을 숨기지 않고 살았을 뿐인데, 법과 관행을 따랐을 뿐인데, 사람들은 자신을 "개××"라 부르며 상종도 하지 않습니다. 그래서 비록 큰돈을 얻었지만, 그에게는 더 이상 이웃도, 친지도, 심지어 가족마저 남지 않은 것이지요.

모든 것을 얻었으나 모든 것을 잃은 이 남자는 사무치는 고독감에 절규합니다. 자신을 복되게 한다고 굳게 믿은 '돈', 그래서 악착같이 노력하여 그토록 많이 거머쥐었건만, 그것이 도리어 족쇄가 되어 자신을 복 없게 만드는 근원이 되었음을 처절히 깨닫는 중입니다. 자신을 지탱하는 것이 그놈의 돈밖에 없기에, 부자 관리가 그러했듯이 '그나마 나를 지탱해 주는 이 돈을 상실하면 어떻게 하지?'라는 생각에 종종 근심에 휩싸입니다. 게다가 그 자리에 오르기까지 얼마나 노력했던가요? 그런데 자신의 하급자들 가운데 누군가가

돈: 탐욕의 대상에서 사랑의 도구로

치고 들어와 자신의 자리를 빼앗을 수 있다는 근심에도 휩싸입니다. 부자의 딜레마에 빠진 것이지요.

무엇보다 그는 '삭개오'입니다. 하나님을, 그리고 율법을 전혀 모르는 이방인이 아닙니다. 그저 지금껏 무시하고 살아왔을 뿐이지요. 그런데 이제 자기 안에 남아 있는 여호와 신앙이 자신을 괴롭힙니다. 나이가 들어 죽음을 떠올릴수록 심판에 대한 불안감이 자신을 더 옭죄어 옵니다. 부자 관리는 그나마 '율법'이라는 답이 있었으나, 불의한 부자 삭개오에게는 그마저도 없습니다. 그렇게 그의 혼돈은 점점 심해지고 있습니다.

이것이 제가 재구성해 본 '삭개오'라는 이름의 인물이 '부자'라는 정체성에 이르게 된 여정이자, 또한 그의 근심어린 현존입니다.

"내가 오늘 네 집에 유하여야 하겠다"

이 삭개오가 유대 전역을 뒤덮은 '예수'에 대한 이야기를 듣게 되었습니다. 호사가들의 이야기를 전적으로 믿을 수는 없지만, 그래도 예수라는 분의 가르침은 자신이 알던 신앙과 많이 달라 보였습니다. 무엇보다 들려오는 그분의 행적을 보니, 자신과 같은 부류의 사람들에게도 가능성이 있는 듯 느껴집니다. 심지어 이 예수가 이스라엘 민족을 구원하기 위해 하나님이 보내기로 약속하신 메시아일 가능성이 크다고 외치는 소리도 들립니다. 삭개오는 거기에 일말의 희망을 품어 봅니다. 그리고 마침 예수가 자신의 동네 여리고로 온다는 소식이 들려옵니다.

삭개오는 버선발로 뛰쳐나갔습니다. 그러나 사람들이 부자 관리에게 길을 내어 준 것과 달리, 삭개오에게는 좀처럼 길을 내어 주지 않습니다. 게다가 그는 키도 작아 군중에 둘러싸인 예수님을 좀처럼 볼 수 없었습니다. 그러나 예수님을 만나고 싶은 그의 열망은 신체 조건이나 환경 따위가 막을 수 없었습니다. 부를 일구기 위한 목적만 바라보고 그간 질주해 온 것처럼, 삭개오는 예수님을 만나기 위해 거침없이 질주합니다.

결국 그는 예수님이 나아가시는 방향에 위치한 돌무화과나무 위로 올라가기로 합니다. 물론 거기에 오르려면 포기해야 하는 것이 있습니다. 바로 자신의 사회적 위신입니다. 유대 성인 남자, 특히 사회적 명예가 있는 자들은 결코 그런 행동을 하지 않으니까요. 그러나 다시 말하지만, 이때의 삭개오는 예수님이 아니면 절대 안 된다는, 즉 예수님이 하나님 나라가 그들의 것이라고 선포하신 바로 그 '어린아이'의 정체성을 지니고 있었습니다. 그러하기에 그는 예수님을 붙잡는 데 그 무엇도 거칠 것이 없었습니다.

그렇게 자신을 가리키는 모든 수식어를 뒤로한 채, 삭개오는 돌무화과나무에 올랐고, 드디어 열망하던 예수님을 조우합니다. 그리고 삭개오를 본 예수님이 이렇게 말씀하십니다.

삭개오야 속히 내려오라 내가 오늘 네 집에 유하여야 하겠다

돈: 탐욕의 대상에서 사랑의 도구로

(눅 19:5).

예수님은 그를 처음 마주하셨으나, 신적 지혜로 그의 이름을 이미 알고 계셨던 것 같습니다. 중요한 것은 모두가 "개××"라고 부르기에, 존재하나 존재하지 않은 그것, 즉 이미 죽어 버린 그의 이름을 예수님이 부르셨다는 사실입니다. 그리고 더 중요한 것은 이어서 "네 집에 유하여야 하겠다"고 요청하신 점입니다. 이 요청이 엄청난 논란과 함께, 역설적이게도 엄청난 변화를 일으켰기 때문이지요.

이 요청 앞에 예수님을 둘러싼 군중이 수군거리기 시작합니다.

> 뭇사람이 보고 수군거려 이르되 저가 죄인의 집에 유하러 들어
> 갔도다 하더라(눅 19:7).

논란 섞인 그들의 반응은 전혀 이상하지 않습니다. 여리고 사람들에게 삭개오는 그저 죄인 중의 괴수일 뿐이니까요. 또한 당대 모든 이에게 익숙한 율법 해석을 따르자면 이렇습니다. 누군가 부정한 자와 어울리면, 심지어 식탁 교제를 한다면, 그 역시 부정한 자입니다. 그래서 사람들이 수군댄 것입니다. 자, 이 둘의 만남은 이대로 슬픈 결말을 맞게 될까요?

군중의 엄청난 논란과 달리 삭개오에게는 이미 엄청나게 놀라운 변화가 시작되고 있었습니다.

급히 내려와 즐거워하며 영접하거늘(눅 19:6).

그동안 삭개오를 지배하던 주된 감정은 불안과 근심, 고독이었습니다. 언제 웃어 봤는지도 모르는 그런 사람이었지요. 그런 그에게 '즐거움'(새번역은 '기쁨'으로 번역하였습니다)이 찾아왔습니다. 전격적인 변화가 시작된 것입니다. 이러한 전격적인 정감의 변화는 자연스레 행동의 변화로 이어지게 마련입니다. 수군거리던 군중을 뒤로한 채, 삭개오는 모두에게 들릴 법한 큰 소리로 이렇게 선언합니다.

주여 보시옵소서 내 소유의 절반을 가난한 자들에게 주겠사오며 만일 누구의 것을 속여 빼앗은 일이 있으면 네 갑절이나 갚겠나이다(눅 19:8).

율법에 따르면, 누군가에게 손해를 입혔을 경우에는 그 손해액과 더불어 20퍼센트의 추가 변상을 해야 합니다. 그런데 삭개오는 "만일 누구의 것을 속여 빼앗은 일이 있으면 네 갑절이나 갚겠나이다"라고 말합니다. 여기 '네 갑절', 즉 '네 배'라는 비율에 주목할 필요가 있습니다. 그 순간 감정적 충동에 못 이겨 갑자기 내뱉은 맥락 없는 비율이 아닙니다. 율법은 다양한 상황에 대한 변상률을 규정하고 있는데, '네 배'라는 숫자는 배상에 대해 말하는 율법 중에서도 가장 과중한 배상률을 가리킵니다(물론 율법에 따른 최대 배상률은 다섯 배이나, 그것은 소를 훔친 것으로써, 좀처럼 일어나기 힘든 경우의 배상률입니다. 예수님 당시 유대 땅에 편만했기에 예수님도 주로 비유 소재로 삼으신 양을 절도한 경우의 배상률이 네 배입니다).

삭개오는 누가 시키지도 않았는데, 예수님이 명하시지도 않았는데, 자기 스스로 율법이 말하는 최대치를 지키겠다고 스스로 선언한 것입니다. 이 선언은 앞으로 하나님이 원하시는 대로 율법 정신을 구현하며 살겠다는 강력한 선언이자 선포입니다. 그리고 그의 자발적 선언은 한 발짝 더 나아갑니다. "내 소유의 절반을 가난한 사람들에게 주겠사오며." 이는 율법에서도 찾아볼 수 없는 내용입니다. 그런데 가만 보니 그의 이 후속 선언은 예수님이 말씀하신 율법의 요체인 "하나님을 사랑하고, 이웃을 사랑하라"를 자기 상황에 맞게 재해석한 것이 분명해 보입니다. 자기 정체성을 유지하던 돈에 더 이상 매몰되지 않겠다는 스스로의 결심과, 돈과 관련된 신앙 고백적 선언을 증인들 앞에, 무엇보다 주님 앞에 한 것이지요.

삭개오의 변화는 여기서 그치지 않습니다. 이제 설명할 변화가 가장 큰 것이고, 어쩌면 이 변화로 앞서 언급한 정감과 행동의 변화들 역시 따라 나왔다고 볼 수 있으니까요. 가장 근원적이자 절대적인 그 변화는 바로 이것입니다. 삭개오는 자신의 이름을 부르며 자신의 집에 유하여야 하겠다는 예수님의 말씀을 듣고, 사람들이 수군대는 가운데 그분을 이렇게 불렀습니다.

"주님"(눅 19:8, 새번역).

삭개오는 예수님을 가리켜 자신의 '주인'으로 고백하였습니다. 그리고 이 엄청난 변화가 도미노를 일으켜 나머지 모든 변화를 이끌었습니다.

세간의 평가는 극과 극이었을지언정, 사실 부자 관리나 삭개오는 동일한 존재입니다. 자신을 복되게 하는 답이 돈이라고 여기며 살아온 부자, 그래서 그저 도구일 뿐인 돈을 주인 삼아 온 정체성으로서의 부자 말입니다. 물론 삭개오는 자신의 이름 뜻대로, 이전에는 자신의 주인이 '하나님'이라고 대답한 적이 있었을 것입니다. 그러나 엄밀히 말하면, 그때의 '하나님'이라는 답은 하나님 자체가 아니라 하나님이 주신 '율법'이었을 것입니다. 오늘날 우리로 빗대자면 교회 생활, 신앙생활과 같은 것 말입니다. 거기에 구원이 있다고 착각했으나, 결국 복이 없다고 여기고 떠나 버린 것이지요.

그런데 예수님이 그저 "네 집에 유하여야 하겠다"라고 말씀하셨을 뿐인데, 이 한마디가 전격적인 변화를 일으켰습니다. 이것이 어떻게 가능했을까요? 주님이 일으키신 신비도 작용했겠지만, 무엇보다 율법을 지키지 못해 왔기에 스스로도 자신을 포기한 삭개오를 향한 단순해 보이는 예수님의 초청에서 삭개오는 그 순간 하나님이 자신을 찾으심을 깊이 느낀 것 아닐까요?

그렇게 그는 예수님을 자기 집으로 모시기 전에 마음으로 그분을 영접합니다. 그래서 '주님'이라고 고백합니다. 이 한마디가 천 근 추만큼이나 묵직합니다. 이로써 그는 그동안 주인 삼은 돈과, 이로 인해 만들어진 부자라는 정체성을 내려놓고, 이제 하나님만 주인 삼는 '하나님 나라 백성'으로 정체성이 전환되었음을 고백한 것입니다. 그리고 자연스레 이에 따른 정감과 행동의 변화가 이어집니다. 이로써 그 전환의 진실성이 증명됩니다. 예수님이 선언하셨기에 그가 변화된 것이 아닙니다. 그 선언은 이미 변화된 그의 신분을 모두가 알 수 있도록 세상에 공표한 것뿐입니다. 가장 확실하고 유일한 증인이신 하나님의 아들 자격으로 말입니다.

> 예수께서 이르시되 오늘 구원이 이 집에 이르렀으니 이 사람도 아브라함의 자손임이로다(눅 19:9).

진정한 변화를 이끄는 것은

우리는 날마다 수많은 광고에 노출됩니다. 빈번한 광고 가운데 성형이나 체형에 대한 광고가 있습니다. 여타 광고와 비교해 볼 때, 이런 광고는 그 목적을 민낯 그대로 드러냅니다. 거창한 카피도 필요 없습니다. '비포 앤 애프터'(Before & After)가 확연히 대조되는 사진을 나열하는 것으로 끝입니다. 이 대조적 이미지를 통해, 전에는 이렇게 엉망이었는데 시술 후 이렇게 변했다는 메시지를 각인시키기만 하면 됩니다.

많은 광고가 전하는 궁극적 메시지는 분명합니다. "이것을 얻으면, 당신은 분명 달라집니다!" 즉, 광고는 소유가 아니라 변화의 이야기를 전달합니다. 단, 그 변화를 가능케 하는 힘은 오직 돈입니다. 이것이 광고라는 언어를 통해 자본주의 시장이 매일같이 우리에게 교육하는 내용입니다. 그런데 가만 보니 이 광고의 속성이 마치 악마가 인간을 넘어뜨릴 때 사용하는 멘트와 매우 흡사하지 않습니까? "네가 이것(선악과)만 먹으면, 하나님과 같이 될 것이다." 소름 돋지 않나요?

동서고금을 막론하고 이러저러한 이유로 부자라는 정체성을 추구하는 사람은 많았지만, 현 시대를 사는 이들은 더더욱 부자라는 정체성의 굴레에서 벗어날 수 없습니다. 이러한 강요된 터전 위에서 하나님의 이름을 부르는 자들은 일명 '삭개오 딜레마'에 빠질 수밖에 없습니다. 하나님을 믿지만 살다 보면 하나님은 내 일용할 양식에 관심 없는 분으로 느껴지고, 오히려 돈이 나를 복되게 하고 변화시킨다는 믿음이 더 크게 느껴지는 인지 부조화의 딜레마 말입니다. 얼마나 많은 삭개오가 이러한 번민 끝에 교회를 떠났는지 모릅니다. 아니, 떠나지 않았더라도 여전히 부자 관리와 삭개오 사이 어딘가에서 갈팡질팡하는 이가 꽤나 많습니다. 여전히 하나님을 외치지만, 어떤 이는 대놓고, 반대로 어떤 이는 자신을 속이면서 여전히 부자라는 정체성으로 살고 있는 것이지요. 그러나 단언컨대 돈을 통해 변화되는 것은 오직 하나입니다. 오늘보다 내일 돈을 더 사랑하게 된다는 것, 그뿐입니다.

그런 면에서 여기 한 가지에 더 주목해 보면 좋겠습니다. 다름 아니라 이렇게나 뒤바뀐 삭개오 이야기에서 그 어떤 기적도 나오지 않는다는 점입니다. 그렇습니다. 진정한 변화는 돈을 통해 일어나지 않습니다. 도리어 돈을 포기했더니 변화되었습니다. 그러나 저는 이 삭개오 이야기에 예수님이 행하신 그 어떤 기적보다 대단한 기적이 포함되어 있다고 확신합니다. 죄인 중의 괴수임이 분명한 이 삭개오라는 '개××'가 하나님 나라 백성이 되고, 스스로 선을 실천하겠다고 선언하는 장면이 바로 그것입니다. 흔히 사람은 변하지 않는다고 하지 않던가요? 그런데 사람이 완전히 변했습니다.

반면 사람을 변화시킨다고 굳게 믿어 온 돈은 그저 우리 안에 있는 욕망의 앞잡이가 될 뿐, 결단코 사람을 변화시키지 못합니다. 돈은 그저 도구일 뿐이니까요. 도구에 지나지 않은 돈은 우리 인격을, 우리 영혼을 단 1밀리미터도 움직일 수 없습니다. 오직 선하신 한 분 하나님과의 만남, 그 하나님의 실재이신 예수님과의 만남만이 사람을 변화시킵니다. 이것이 진실입니다.

부자에서 하나님 나라 백성으로

인간은 모두 비슷합니다. 얻으면 복되다는 것, 행하면 복되다는 것을 쫓습니다. 어떤 이는 바라는 것을 얻고 어떤 이는 얻지 못하지만, 결과와 관계없이 우리는 열망합니다. 그리고 그 지나친 열망이 결국 도구에 지나지 않은 것들을 우상으로 삼아 버리게 합니다.

우리 시대의 우상은 이러나저러나 돈으로 수렴됩니다. 그러나 어떤 이들은 저마다 사연을 겪으며 그것의 허망함을 깨닫기도 합니다. 삭개오에게 찾아오신 것처럼 예수님이 그런 이들에게 찾아가 말씀하십니다. "내가 오늘 네 집에 유하여야 하겠다."

예수님의 간절한 청입니다. 그분이 그 집에 유하여야만, 그 공허가 채워지고 진정한 복이 있을 수 있습니다. 그런 예수님의 부르심과 요청에 기꺼이 응답하며 영접하는 자에게는 삭개오에게 일어난 것과 같은 엄청난 변화가 일어납니다. 그렇게만 된다면, 누가 가르쳐 주지 않아도 예수님을 주님으로 인정하며 고백하고, 이어서 그의 정감이 변화되고, 자연스레 행동까지 변화됩니다. 이는 그동안 목적 삼은 것을 신의 자리에서 도구의 자리로 되돌려 놓는 과정에서 일어나는 변화입니다. 이러한 일련의 변화 가운데 가장 큰 것은 신분의 변화입니다. 이것이 도무지 하나님 나라에 들어갈 수 없던 부자가 하나님 나라에 들어갈 수 있게 되는 과정이자 비법입니다.

그런데 앞서 우리는 좀처럼 부자라는 정체성에서 벗어나기가 어렵다고 하지 않았습니까? 그렇다면 도대체 우리는 어찌해야 할까요? 여기 예수님의 마지막 말씀에 주목해 봅시다.

인자가 온 것은 잃어버린 자를 찾아 구원하려 함이니라(눅 19:10).

"잃어버린 자"는 이 헬라어 단어가 갖는 여러 의미 가운데 가장 가벼운 뜻을 선택한 의역입니다. 사실 이 단어의 주된 의미는 '죽은 것', '썩은 것'입니다. 즉, 예수님은 지금 죽은 것, 썩은 것을 찾아 구

돈: 탐욕의 대상에서 사랑의 도구로

원하러 왔다고 선언하신 것입니다. 그렇다면 우리는 반대로 물어볼 수 있습니다. "누가 예수님을 통한 구원을 얻을 수 있습니까?" 답은 간단합니다. '잃어버린 자', 즉 '죽은 자', '썩은 자'입니다.

실제로 그런 일이 일어났습니다. 예수님은 동일하게 부자라는 정체성으로 살아가던 두 사람 앞에 나타나셨고, 공평하게 둘 다 찾으셨습니다. 그러나 부자 관리는 자신을 '얻은 자', '산 자', '생명 있는 자'로 여겼기에 그 부름에 반응하지 않았습니다. 당당하게 왔다가 도리어 그 부르심 앞에 근심하며 돌아갔을 뿐입니다. 그러나 삭개오는 자신이 '잃어버린 자', '죽은 자', '썩은 자'라는 것을 이미 실존적으로 느끼고 인정하고 있었습니다. 그래서 예수님의 찾으심에 즉각 응답할 수 있었습니다. 사람들이 "너 괜찮아 보인다!"라고 하는 평가에 취해 버린 자는, 즉 자신을 병자로 여기지 않는 자는 결코 의사를 찾지 않습니다. 그러나 자신이 아프다는 것을 명확하게 인정한 병자는 어떻게든 병원을 찾고 의사를 찾아 나섭니다.

이 시대를 살아가며 맘몬에서 자유로운 자는 아무도 없습니다. 맘몬을 이길 능력 역시 아무에게도 없습니다. 호방하게 나서서 자신의 의지로 이기려 한다면 반드시 패할 수밖에 없습니다. 돈의 힘은 우리 생각보다, 우리 의지보다, 우리 감정보다 훨씬 강력합니다. '금융 치료'라는 신조어가 괜히 나온 게 아닙니다. 그러나 자신이 '잃어버린 자'임을 자각한다면 맘몬을 이길 수 있습니다. 우리를 위해 기꺼이 먼저 다가와 이름을 불러 주시며 내 집에, 내 안에 머물고자 하시는 예수님의 요청을 듣고 그분을 내 삶의 주인으로 영접하고, 항상 그분을 주님 자리에 두고 교제하려는 자는 가능합니다. 주인이신 그분이 나로 돈을 이기게 하시기 때문입니다.

주님은 돈을 목적이 아닌, 그저 도구로 사용할 수 있게 하십니다. 삭개오가 이에 대한 가장 생생한 증거입니다. 예수님은 그에게 돈에 대해 어떤 말도 언급하지 않으셨지만, 그는 돈에서 자유로워지는 방향으로 알아서 걸어갔습니다. 특별히 돈을 어찌 다루어야 할지를 자연스레 인식하고 스스로 실천하였습니다.

그리스도인으로서 우리가 해야 할 일은 돈을 멀리하는 것도, 의지를 다잡는 것도 아닙니다. 그저 예수님을 나의 집 안으로 영접하는 것입니다. 단 한 번으로는 부족합니다. 맘몬을 그리 허술하게 보지 마십시오. 그러나 여러분을 늘 찾으시는 하나님의 열심도 무시하지 마십시오. 그 찾으심에 날마다 반응합시다.

1. 근래에 광고를 보고 제품을 구매한 경험이 있습니까? 광고의 어떤 내용을 보고 구매하게 되었는지 나누어 봅시다.

2. 자신을 돌아볼 때 변화되기 전의 삭개오 같은 면이 있습니까? 그렇다면 그런 삶을 살게 된 이유를 유추하고 재구성해 봅시다.

3. 자신만의 '삭개오 딜레마'가 있다면(또는 있었다면) 나누어 봅시다.

4. 예수님이 당신에게 "네 집에 유하여야 하겠다"고 말씀하신다면, 어떻게 반응하시겠습니까? 주저한다면, 그 이유는 무엇입니까?

5. 예수님을 믿음으로 당신에게 일어난 크고 작은 변화는 무엇입니까? (가치관, 관계, 태도, 감정, 성품, 성향, 습관, 목적 등)

6. 예수님을 믿은 후 돈을 다루는 것과 관련하여 변화된 것은 무엇입니까?

찾아오시는 하나님, 길을 잃어 헤매는 우리에게 먼저 찾아오셔서 부르시는 주님의 은혜를 찬양합니다. 그러나 이 세상을 살아가다 보면 너무 쉽게 삭개오 딜레마에 빠져들어, 그저 도구일 뿐인 돈을 주인 삼아 살아가고, 그러면서 또 힘들어합니다. 그 아래 자유할 수 없는 우리 모습을 고하오니 용서하소서. 잃은 자인 나를 먼저 찾아오신 예수님을 나의 주님으로 고백하며, 맘몬에 짓눌린 삶에서 자유한 삶으로 나아가길 원합니다. 맘몬의 지배에서 벗어나, 주님이 이끄시는 변화 아래 살게 하소서. 또한 이 세상을 맘몬에서 구하소서. 우리 주 그리스도 예수 이름으로 기도합니다. 아멘.

*

하나님의 일이 하나님의 방법으로 행해질 때,
그분의 공급하심이 부족한 적은 결코 없었다.
_허드슨 테일러

돈이 마음을 지배하는 곳에는 하나님의 권위가 사라진다.
_장 칼뱅

*

*

4장

수입1.
근로 소득과 자본 소득

*

11그들이 이 말씀을 듣고 있을 때에 비유를 더하여 말씀하시니 이는 자기가 예루살렘에 가까이 오셨고 그들은 하나님의 나라가 당장에 나타날 줄로 생각함이더라 **12**이르시되 어떤 귀인이 왕위를 받아가지고 오려고 먼 나라로 갈 때에 **13**그 종 열을 불러 은화 열 므나를 주며 이르되 내가 돌아올 때까지 장사하라 하니라 **14**그런데 그 백성이 그를 미워하여 사자를 뒤로 보내어 이르되 우리는 이 사람이 우리의 왕 됨을 원하지 아니하나이다 하였더라 **15**귀인이 왕위를 받아가지고 돌아와서 은화를 준 종들이 각각 어떻게 장사하였는지를 알고자 하여 그들을 부르니 **16**그 첫째가 나아와 이르되 주인이여 당신의 한 므나로 열 므나를 남겼나이다 **17**주인이 이르되 잘하였다 착한 종이여 네가 지극히 작은 것에 충성하였으니 열 고을 권세를 차지하라 하고 **18**그 둘째가 와서 이르되 주인이여 당신의 한 므나로 다섯 므나를 만들었나이다 **19**주인이 그에게도 이르되 너도 다섯 고을을 차지하라 하고 **20**또 한 사람이 와서 이르되 주인이여 보소서 당신의 한 므나가 여기 있나이다 내가 수건으로 싸 두었었나이다 **21**이는 당신이 엄한 사람인 것을 내가 무서워함이라 당신은 두지 않은 것을 취하고 심지 않은 것을 거두나이다 **22**주인이 이르되 악한 종아 내가 네 말로 너를 심판하노니 너는 내가 두지 않은 것을 취하고 심지 않은 것을 거두는 엄한 사람인 줄로 알았느냐 **23**그러면 어찌하여 내 돈을 은행에 맡기지 아니하였느냐 그리하였으면 내가 와서 그 이자와 함께 그 돈을 찾았으리라 하고 **24**곁에 섰는 자들에게 이르되 그 한 므나를 빼앗아 열 므나 있는 자에게 주라 하니 **25**그들이 이르되 주여 그에게 이미 열 므나가 있나이다 **26**주인이 이르되 내가 너희에게 말하노니 무릇 있는 자는 받겠고 없는 자는 그 있는 것도 빼앗기리라 **27**그리고 내가 왕 됨을 원하지 아니하던 저 원수들을 이리로 끌어다가 내 앞에서 죽이라 하였느니라.

이 장을 정리할 즈음, 새로 알게 된 어떤 분이 저에게 이렇게 물어보셨습니다. "목사님은 요새 관심사가 뭐예요?" 그 질문에 저는 스스럼없이 이렇게 대답했습니다. "돈 버는 거요." 그러자 질문하신 분이 깜짝 놀라며 크게 웃으시더군요. 아마 전혀 기대하지 않은 대답이라 그랬나 봅니다. 목사가 그런 말을 할 줄 몰랐던 것이지요.

이 글을 읽는 여러분도 제 대답이 이상하게 느껴지시나요? 목사가 그런 말을 한다는 게 뭔가 은혜 떨어지는 일이요, 심지어 속물로 느껴지시나요? 물론 '수입'을 다루는 이번 장 내용을 어찌 정리해야 할지 고민하던 차에 받은 질문이라 자연스레 나온 대답이지만, 그런 맥락이 없더라도 돈 버는 것에 관심 있음을 애써 부정하고 싶지는 않습니다.

저는 종종 돈이 많으면 좋겠다고 생각했지만, 그렇다고 돈 자체에 대한 열망이 큰 사람이 아닐 뿐더러, 대학을 신학과로 진학한 제게 아버지께서는 돈 맛(?)을 알면 안 된다는 이유로 경제 활동을 제한하셨습니다. 사역에 뛰어든 이후에도 사례비는 그리 많지 않았고, 그 돈마저 사역하는 데 아낌없이 썼습니다. 그러다 보니 '돈 버는 것'은 제게 아주 멀고 관심 없는 주제였지요. 심지어 바리새적 색깔에 물들어 있던 그 시절에는 그리스도인이라면서 돈 이야기를 너무 많이 하는 이들을 경계하기까지 했습니다. 돈에 '악'이라는 가치를 투영한 상태로 살아온 사람이 바로 저였던 것이지요.

그런데 상황이 바뀌었습니다. 자리가 바뀌면 시선도 바뀌지 않던가요? 여전히 저는 사역자이지만, 이제는 가족을 건사하는 경제적 책임을 지닌 사람이 되었습니다. 또한 가족뿐 아니라 주변을 둘러보면, 어려운 사람, 거두어야 할 사람이 참 많습니다. 물론 그들을 위해 기도합니다. 하지만 어떤 이들에게는, 또한 어떤 경우에는 기도를 넘어 손에 돈을 쥐어 주어야만 하는 상황도 있습니다. 그래서 저는 '돈 버는 것'에 관심이 많아졌음을 부정하지 않습니다. 돈을 사랑하지 않을 뿐이지, 아니, 사랑하지 않으려 할 뿐이지, 솔직히 돈이 많으면 좋겠습니다.

이번 장을 본격적으로 시작하기에 앞서, 잠시 이전 장들의 내용을 정리해 보겠습니다. 우선 돈은 결코 선과 악을 투영할 수 없는, 하나님이 허락하신 그저 중립적 도구일 뿐이라는 것을 전제했습니다. 그래서 핵심은 '돈'이 아니라 돈을 사용하는 '사람'이며, 성경은 하나님의 주인 되심 아래 이 돈을 대신 관리하고 사용하는 사람을 가리켜 '청지기'라고 한다고 정리했습니다(1장). 그러나 안타깝게도 많은 이가 이미 돈을 '선' 혹은 '복'이라고 규정하고 있음을 부정할 수 없습니다. 이에 대한 대표적인 예로 '부자 관리'를 소개하면서, 그저 돈이 많다는 의미의 부자는 천국에 갈 수 있으나, 돈을 복이라고 여기는 정체성으로서의 부자는 천국에 갈 수 없다고 정리했습니다(2장). 그러나 오늘날 자본주의 사회에서는 모든 복을 돈으로만 귀결시키기에, 우리 모두 정체성으로서의 부자로 나아가려는 경향으로부터 자유로울 수 없습니다. 그렇다면 우리 시대의 누구도 하나님 나라에 갈 수 없는 것인가요? 18장에서 근심하며 예수님을 떠나간 부자 관리를 소개한 누가복음은 뒤이은 19장에서는 부자가 하나님 나라에 간 이야기를 전합니다. '삭개오'가 그 주인공입니다. 그는 분명 정체성으로서의 '부자'에 매몰된 자였으나, 예수님을 만난 뒤 스스로 '청지기'적 삶으로 나아갑니다. 그리고 우리는 그의 이야기를 통해 해답을 엿볼 수 있었습니다(3장). 이런 내용들을 통해 비로소 우리는 돈에 대한 큰 그림을 얻을 수 있었습니다.

이번 장부터는 돈에 관한 실제적인 이야기를 나누어 보려고 합니다. 그리스도인은 수입과 지출을 구체적으로 어떻게 추구해야 하는지에 대해서 말입니다. 우선 '수입'에 대한 이야기부터 해 보겠습니다.

열 므나 비유

이번 장의 본문은 앞서 3장에서 다룬, 부자에서 청지기적 정체성으로 전환된 삭개오 사건에 이어지는 본문입니다. 삭개오 사건을 지켜보던 이들에게 예수님이 남기신 비유로, 일명 "열 므나 비유"라고 불리는 이야기입니다. 언제나 그렇듯 예수님은 이번 비유에서도 사람들이 알 만한 소재를 활용하십니다.

이 비유를 이해하려면 당시 역사적 상황에 대한 선이해가 필요합니다. 우선 '헤롯'이라는 인물을 소개해 보려 합니다. 예수님이 태어나실 당시 왕의 이름도 '헤롯'이었는데, 역사는 그를 '헤롯 대왕'이라고 일컫습니다. 그는 순수 유대인이 아니라 정치적 이유로 귀화한 가문 출신으로, 당시 로마 황제에 기가 막히게 줄을 잘 대어서 파격적으로 팔레스타인 땅 전역에 대한 자치권을 허락받은 인물입니다. 이런 연유로 헤롯은 비록 로마 황제의 봉신이긴 하지만, 그 지역에 대한 절대 지배권을 가진 왕으로 군림할 수 있었던 것이지요.

이 헤롯 대왕에게는 세 아들이 있었습니다. 기록에 따르면, 헤롯 대왕 사후에 '헤롯 아켈라오'라는 아들 역시 로마 황제에게 줄을 대어 왕으로 인정받기 위해 로마로 떠났습니다. 지난날 아비가 그러했듯이 말이지요. 그러나 헤롯 가문에 적대적이던 유대 지도자들이 이 사실을 알고, 그들 역시 그의 책봉을 반대하기 위해 50명으로 구성된 사절단을 꾸려 로마로 보낸 사건이 있었습니다. 본문에 나오는 비유는 바로 그 역사적 사건을 빗댄 이야기입니다.

물론 소재는 같을지언정, 실제 역사와 예수님의 비유 속 이야기는 조금 다릅니다. 비유에서는 귀인이 왕위를 온전히 받아 온 것으로 전개되지만, 실제 역사에서는 헤롯 아켈라오가 자기 아버지와 같은 '왕'의 호칭과 권한을 받지 못하고 가나안 땅의 4분의 1을 다스리는 권한이 있는 '분봉왕'이라는 호칭을 얻는 데 그칩니다. 이와 더불어 로마는 이 정권 교체기를 이용해 반역이 들끓는 혼란한 가나안 땅을 직접 통치하고자 '총독'을 보내기 때문에 그 통치 권한마저도 쪼그라들었습니다. (나머지 형제인 헤롯 빌립, 헤롯 안티파스 역시 분봉왕 자격에

돈: 탐욕의 대상에서 사랑의 도구로

그쳤습니다.) 중요한 점은 세세한 설명이 필요한 우리와 달리, 그 자리에서 예수님의 비유를 듣는 이들은 이 비유에서 바로 헤롯 아켈라오를 떠올렸을 것이고, 그로 인해 일어난 결과들, 즉 분봉왕과 총독이 동시에 존재하게 된 현실을 자연스럽게 연상했으리라는 것입니다.

때문에 우리 역시 이 열 므나 비유가 헤롯 아켈라오의 왕위 등극 사건을 소재로 하고 있다는 점, 그리고 당시 가나안의 정치 지형도가 분봉왕과 로마 총독의 이중 통치 시대였다는 점을 염두에 두어야 합니다. 동시에 이것은 엄연히 비유이기에 왕위를 받아 돌아온 귀인은 헤롯 아켈라오가 아닌, 훗날 재림하여 우주적 통치자가 되실 예수님을 의미한다는 점 역시 염두에 두어야 합니다.

비유는 이렇게 시작합니다. 한 귀인이 왕위를 받기 위해 먼 나라로 떠납니다. 떠나기 전에 그는 자신의 종 열 명을 불러다가 한 므나씩 나누어 줍니다. 현재 시세로 대략 1천만 원 정도입니다. 이어서 그는 종들에게 이런 명령을 남깁니다.

> 그 종 열을 불러 은화 열 므나를 주며 이르되 내가 돌아올 때까지 장사하라 하니라(눅 19:13).

그의 명령은 "장사하라"입니다. 이 헬라어 동사는 '장사'라는 특정 상행위만 가리키는 것이 아니라, '이윤을 남기다'라는 뜻을 담고 있습니다. '이윤을 남기라'는 명령을 하고 떠난 이 주인은 꽤 시간이 흐른 후, 본래 목적대로 왕위를 받아 돌아옵니다. 그리고 한 므나씩 준 종들을 불러 모아 정산을 시작합니다.

첫 번째로 나아온 종은 한 므나로 열 므나를 남겼다고 보고합니다. 이에 주인은 그 신실함을 칭찬하며, 상으로 열 고을을 다스리는 권세를 줍니다. 두 번째로 나아온 종 역시 주인에게 나아와 다섯 므나를 남겼다고 고합니다. 그에게도 역시 상으로 다섯 고을을 다스리는 권세를 줍니다. 그런데 다음으로 주인 앞에 나아온 또 다른 종은 전혀 다른 보고를 합니다. 주인에게 받은 한 므나를 수건에 싸서 그대로 보관해 두었다고 한 것이지요. 즉 아무것도 남기지 못한 것입니다. 그렇게 그는 주인의 명령을 수행하지 못했습니다. 아니, 하지 않았습니다. 그는 자신이 그렇게밖에 할 수 없던 이유를 밝힙니다. 그런데 그 이유가 주인의 화를 더 돋웠나 봅니다. 주인은 대노하며 그를 처벌한 뒤, 자신의 왕 됨을 방해한 원수들마저도 처단하라고 명합니다. 그리고 비유는 마무리됩니다.

근로 소득의 필수 덕목, 성실함

이번 장에서는 주인이 종들에게 남긴 "장사하라", 즉 '이윤을 남기라'는 명령을 토대로 이야기를 전개해 보려고 합니다. 이 명령이 비유의 핵심이기도 하지만, 동시에 우리가 나누려는 주제인 '수입'을 다루는 데 가장 적합한 표현이기 때문입니다. 특별히 이를 통해 대표적인 소득 추구 방식인 근로 소득과 자본 소득에 대해 이야기를

돈: 탐욕의 대상에서 사랑의 도구로

나누어 보려고 합니다. 먼저는 '근로 소득'입니다. 이를 위해 예수님이 이 비유를 언급하신 배경에 주목해 봅시다.

> 그들이 이 말씀을 듣고 있을 때에 비유를 더하여 말씀하시니 이는 자기가 예루살렘에 가까이 오셨고 그들은 하나님의 나라가 당장에 나타날 줄로 생각함이더라(눅 19:11).

이를 통해 우리는 왕이 오셔서 세상이 곧 끝난다거나 완성된다는 믿음을 근거로 세상살이를 설렁설렁하는 이들에게 예수님이 일침을 날리기 위해 이 비유를 남기신 것임을 알 수 있습니다. 결론적으로 그들의 생각이 틀렸다는 것이지요. 이 비유 속 귀인에 투영된 예수님은 분명하게 반대로 이렇게 명령하셨습니다. "장사하라!"

앞서 이 동사가 장사만 의미하는 것이 아니라 '이윤을 남기라'는 명령임을 언급했습니다. 게다가 이는 비유이기에 이 명령이 반드시 장사하라는 것은 아님을 알 수 있습니다. 그렇다고 해서 "어떤 직업, 어떤 방편을 통해 이윤을 남겼는가"라는 질문 역시 핵심이 아닙니다. 핵심은 왕이 돌아온 뒤에 그들을 향해 남긴 평가에서 찾을 수 있습니다.

> 각각 어떻게 장사하였는지를 알고자 하여(눅 19:15).

사실 이 번역은 오역입니다. 원문에는 '어떻게'라는 의미의 단어가 없습니다. 원문을 직역하면 '얼마나 많은 거래를 하였는지'입니다. 주인은 벌어들인 양, 즉 '결과'나 벌어들인 '수단'에 주목하고 있는 것이 아니라, 이윤을 남기기까지의 '과정'에 주목하고 있는 것입니다. 이어지는 내용 역시 그러합니다. 왕은 앞선 두 종에게 상을 준다고 선언하며 그 이유를 이렇게 밝힙니다.

> 잘하였다 착한 종이여 네가 지극히 작은 것에 충성하였으니(눅 19:17).

이는 결과에 대한 칭찬이 아닙니다. '충성'이라는, 지금까지의 태도와 마음가짐에 대한 칭찬입니다(새번역 성경은 "신실하였으니"라고 번역하였는데, 저는 이 표현이 더 적절해 보입니다). 얼마나 많은 이윤을 남겼는지나 무엇을 했는지가 핵심이 아닙니다.

'충성'이라는 덕목은 다른 덕목과 다릅니다. 충성은 반드시 '……에 대해'라는 대상이 필요합니다. 그렇다면 누구에 대한 충성일까요? 당연히 주인에 대한 충성이겠지요. 그들의 순종은 겁박에 굴한 노예 의식에서 비롯된 복종이 아닌, 주인에 대한 마음가짐이 불러일으킨 능동적 순종입니다. 주인은 바로 이 마음가짐이 만들어 낸 과정을 극찬하는 것입니다. 다시 말하지만, 결과나 방법이 아닌, 주인에 대한 마음가짐인 충성, 즉 '신실함'에 대한 칭찬입니다. 그것이 핵심입니다.

주인은 칭찬하는 데서 그치지 않고, 그 신실함에 대한 실제적 보

돈: 탐욕의 대상에서 사랑의 도구로

상도 제공합니다. 한마디로 청지기적 신실함으로 살아가는 가운데, 부가적으로 근로 소득도 발생한 것입니다.

그런데 이 비유 속 주인의 명령이 어딘가 익숙하지 않습니까? 태초에 하나님은 인간을 창조하신 후, 최초의 인간들에게 이렇게 명령하셨습니다.

> 하나님이 그들에게 복을 주시며 하나님이 그들에게 이르시되 생육하고 번성하여 땅에 충만하라, 땅을 정복하라, 바다의 물고기와 하늘의 새와 땅에 움직이는 모든 생물을 다스리라 하시니라(창 1:28).

하나님의 명령은 "충만하고, 다스리라"라는 것으로 귀결됩니다. 이를 가리켜 '창조 명령'이라고 부릅니다. 그러나 타락 이후, 세상을 이토록 사랑하여 타락의 문제를 해소하기 위해 이 땅에 오신 예수님, 이곳에서 다시 하나님 나라를 여신 예수님은 이를 조금 다른 버전으로 이렇게 말씀하셨습니다. 일명 '대위임령'입니다.

> 오직 성령이 너희에게 임하시면 너희가 권능을 받고 예루살렘과 온 유대와 사마리아와 땅 끝까지 이르러 내 증인이 되리라 하시니라(행 1:8).

본문에 나오는 주인의 명령은 바로 이 명령들의 연장선상에 있습니다. 다만 생활 밀착형 비유이기에, 명령 역시 생활 밀착형 버전으로 번안한 것뿐입니다. "이윤을 남기라!" 그리고 이것은 앞서 나눈 것처럼 돈에 대한 이야기가 아니라, 주인에 대한 마음가짐, 즉 신실함에 대한 이야기입니다.

여기서 우리가 깨뜨려야 할 생각이 있습니다. 바로 선교와 노동은 결코 별개가 아니라는 점입니다. 하나는 속되고 다른 하나는 거룩한 것이 아닙니다. 둘 다 동일한 정체성, 즉 '청지기'로서 같은 신실함 아래 자신이 맡은 역할에 따라 주어진 현장에서 동일하게 노동하는 것뿐입니다. 그래서인지 왕은 종들의 신실함의 대가로 '고을을 다스리는 권세'를 선사합니다. 그런데 조금 이상하지 않나요? 종은 분명히 돈을 벌어 왔는데 그 대가로 돈을 주는 것이 아니라 다스리는 권세, 즉 '통치권'을 줍니다. 어떤 것이 금전적으로 더 가치 있느냐는 중요하지 않습니다. 이 상의 크기가 엄청나다는 것 역시 핵심에서 벗어납니다. 핵심은 신실함에 대한 대가로 통치권을 주었다는 것, 즉 신실함과 통치권을 같은 선상에서 보고 있다는 것입니다. 그리고 다스리는 권세는 아직 타락하지 않은 순수한 하나님의 형상인, 최초의 사람들에게 하신 최초의 명령과 연결됩니다.

청찬받은 종들은 분명 돈이 아니라 주인을 보고 일한, 이미 검증된 신실한 청지기입니다. 타락으로 뒤틀린 종 된 본성을 넘어, 하나님을 주인 삼은 하나님의 형상으로 존재하기에, 주인이신 하나님이 자신의 나라 일부를 맡기신 것이지요. 그들이 이윤을 남긴 현장은 저마다 다를 수 있습니다. 하지만 상관없습니다. 핵심은 신실함이고,

돈: 탐욕의 대상에서 사랑의 도구로

그 대가는 언제나 하나님 나라의 일부분, 즉 다스리는 권세입니다.

신실함으로 인해 다스리는 권세를 받았다는 이 비유를 역으로 보면, 결국 신실함을 인정받은 청지기가 다스리는 곳이 하나님 나라가 된다는 이야기도 될 수 있습니다. 그 가운데 부산물로 근로 소득이 주어지는 셈이지요. 그런 마음가짐에서 비롯되어 그런 과정을 거쳐 내 손에 쥐어진 근로 소득이라면, (명백히 악한 수단이 아니라는 전제에서) 그가 어떤 수단으로 돈을 벌었는지, 혹은 얼마나 벌었는지와 상관없이 주님이 칭찬하시는 소득이 될 것입니다.

청지기가 신실할 수 있는 이유

이처럼 청지기적 신실함으로 노동하다 보면, 근로 소득을 얻는 것 말고도 꽤나 재밌는 일이 발생합니다. 사람들이 이런 청지기들을 찾아와 자연스레 이렇게 묻는 것이지요. "도대체 당신은 왜 그렇게 노동합니까?" 그럴 수밖에 없습니다. 대부분의 사람들에게 노동이란 신실함이 결여된, 그저 밥벌이를 위한 수단에 지나지 않기 때문입니다. 그러니 그 이상을 자발적으로 추구하는 이가 도무지 이상하게 느껴질 수밖에요.

아담에게 이르시되 네가 네 아내의 말을 듣고 내가 네게 먹지

말라 한 나무의 열매를 먹었은즉 땅은 너로 말미암아 저주를 받

고 너는 네 평생에 수고하여야 그 소산을 먹으리라 땅이 네게 가시덤불과 엉겅퀴를 낼 것이라 네가 먹을 것은 밭의 채소인즉 네가 흙으로 돌아갈 때까지 얼굴에 땀을 흘려야 먹을 것을 먹으리니(창 3:17-19).

밥벌이는 그 자체로 숭고한 것입니다. 어느 누가 밥 벌어 먹고 사는 것을 폄하할 수 있겠습니까? 혹시 그런 사람들이 있다면 거리를 두십시오. 그러나 거기에만 그쳐 버리는 노동은 언제나 우리에게 저주스럽게 다가옵니다.

인간의 노동은 그런 허접한 것이 아니었습니다. 본래 인간의 노동은 하나님의 창조 행위를 본뜬 창조적 '놀이'였습니다. 그러나 타락의 결과, 노동은 그저 고통으로 전락하였고, 나아가 노력한 만큼의 결실을 얻지 못하는 부조리의 장이 되어 버렸습니다. 노력과 결과가 일치하지 않는 것이지요. 열 므나 비유에도 이런 문제가 고스란히 드러납니다. 모두 신실하게 일했는데도, 어떤 종은 열 므나를, 어떤 종은 다섯 므나를 남긴 것, 이 역시 부조리한 현실을 고스란히 반영하는 듯합니다. 그것이 타락한 세상의 일반적 법칙이기도 합니다. 그런데 이 시대는 마치 그런 것은 없다는 듯, 노력과 결과를 동일선상에서 계산하려 합니다. 세상은 과정을 모두 무시한 채, 언제나 최종 결과, 즉 이윤의 양으로만 노동의 가치를, 아니 노동자의 가치를 판단합니다. 때문에 사람들은 어차피 노력해도 안 된다는 의식에 젖어 들어 스스로 열심을 그쳐 버리기도 하지만, 한편으로는 이런 구조에서 신실하게 할 만한, 즉 충성의 대상이 없기에 열심을 다하지 않기도 합니다. 회사는 결코 충성의 대상이 아니니까요. 그리고 이런 경향은 점점 강해지는 듯합니다.

그러나 청지기는 다릅니다. 동일한 현장에서 동일한 일을 하더라도, 사업장이나 결과물을 바라보고 노동하는 것이 아니라, 자신의 진정한 주인에 대한 신실함으로 그 자리에 존재하기에 전혀 다른 삶의 모습, 전혀 다른 노동의 모습을 보입니다. 그러니 사람들이 궁금할 수밖에요. '도대체 저 사람은 왜 저러지? 어떻게 저렇게 하지?'

한 언론인이 테레사 수녀를 찾아가 이렇게 물었습니다. "콜카타 거리에서 죽어 가는 모든 이의 필요를 채워 줄 수 없음을 알면서도, 왜 그들을 계속 돕습니까?" 그러자 테레사 수녀는 이렇게 대답했다고 합니다. "저는 성공하라는 명령을 받지 않았습니다. 제가 받은 명령은 신실하라는 것이에요!"

핵심은 청지기적 정체성에서 비롯된 충성, 즉 신실함입니다. 그리고 이 신실함은 노동 현장에서 성실함이라는 행동으로 피어납니다. 신실함이 부재하다면, 노력과 결과가 반드시 비례하지는 않는 현장에서, 또한 결과로만 평가하는 이 세상에서 사람들은 나태함에 취하거나, 노동이라는 고통 없이 한 방에 돈을 벌 방법에 매달리거나, 심지어는 타인이 한 노동의 대가를 착취하는 방식으로 시선을 돌릴 수밖에 없습니다. 그것도 아니면 성과 속을 구분 짓고, 돈벌이를 속된 것으로 치부해 버리며 정신 승리에 임하는 방식도 있습니다. 그러나 이는 모두 틀린 접근법입니다. 청지기적 정체성을 지닌 그리스도인은 할 수 있는 한, 성실하게 일해야 합니다. 성실함은 근로 소득을 추구하는 데 있어 신실함의 지표이며, 동시에 물리적 수입을 낳는 근간입니다.

자본 소득을 무시할 수 없는 시대

이어서 '자본 소득'을 다루어 보겠습니다. 이 역시 본문에 언급되어 있습니다.

> 내 돈을 은행에 맡기지 아니하였느냐 그리하였으면 내가 와서
> 그 이자와 함께 그 돈을 찾았으리라(눅 19:23).

예수님은 비유를 통해 분명하게 은행과 이자의 존재를 언급하십니다. 그리고 아무리 비유일지언정 자본 소득의 개념을 부정하지는 않으신다는 사실에 주목해야 합니다.

사실 이는 논란이 될 만한 발언입니다. 하나님이 명하신 율법에 따르면, 이자는 금지된 것이기 때문입니다(출 22:25; 레 25:36, 37; 신 23:19, 20). 물론 이러한 율법이 우리 시대 기준으로는 많이 가혹해 보입니다. 자산 증식을 목적으로 빌리는 돈이 아니더라도, 살다 보면 돈을 빌려야 하는 급박한 순간이 있지 않습니까? 악과 고통의 문제가 이스라엘 백성이라고 피해 가지는 않으니까요. 그런데 누군가에

돈: 탐욕의 대상에서 사랑의 도구로

게 돈을 빌려 줄 때는, 그에 대한 담보 혹은 대가에 대한 약속이 필요합니다. 그것이 공정한 규칙이지요. 그러한 제도적 보장이 있을 때 비로소 임대인도 돈을 내어 줄 수 있습니다. 그렇다면 이자를 금하신 이 율법들은 무엇입니까? 여기에는 맥락이 있습니다. 하나님 나라 안의 모든 이는 주 안에서 한 형제자매이기 때문입니다. 즉, 한 가족이기에 이자를 금하신 것이지요. 도리어 하나님은 율법을 통해 십일조의 제3의 기능(7장 "지출2. 인적 지출" 참조)의 운용 방식을 언급하시면서, "네 가족을 적극적으로 구제해 주라"고 명하십니다.

그러나 율법이 주어진 이래로 1,500여 년이나 흐른 예수님 당시는 이미 율법을 따라야 하는 이스라엘이라는 민족 국가가 망한 지 한참 후였습니다. 물론 망국 이후에도 여전히 이스라엘에는 하나님 나라라는 자부심으로 이를 구현하고자 율법적 삶을 추구하는 이가 꽤 있었지만, 현실은 냉혹했습니다. 그들은 그저 로마의 지배를 받는 속국일 뿐이었습니다. 하나님의 통치를 바라나, 로마의 통치를 받는 이중 통치 시대였던 것이지요. 이러한 배경 아래 비유 속 주인은, 아니 예수님은 공식적으로 은행과 이자에 대해 말씀하십니다. 따라서 우리는 율법에 통치받는 민족 국가 이스라엘을 그리는 구약이 자본 소득을 부정하고 있음을 확인할 수 있지만, 이스라엘 해체 이후 이중 통치 시대를 배경으로 하는 신약은 적어도 자본 소득을 부정하지는 않는다는 사실 역시 확인할 수 있습니다.

그런데 그 신약이 기록된 때로부터 또다시 엄청나게 긴 시간이 흘렀습니다. 율법이 주어진 때부터 예수님 시대의 시간 간극만큼이

한 번 더 지난 것이지요. 당연히 또 다른 큰 변화가 있었습니다. 그간 인류는 엄청난 정치 경제적 실험들을 시도했고(여전히 실험은 끝나지 않았습니다), 지금 우리는 근대 이전에는 존재한 적 없는 자본주의, 그것도 자본주의만 용인되는 자본주의 일극 체제 아래 살아가고 있습니다.

'자본주의'라는 명칭에서 알 수 있듯이, 오늘날은 간단히 말해 자본 소득이 근로 소득의 우위에 있는 시대라고 할 수 있습니다. 허언이 아닙니다. 현 시점에서 국내 최대 근로 소득자의 연봉과, 최대 자본 소득자의 연수입을 비교해 보면, 나아가 앞으로의 기대 수익까지 추산해 보면, 당연히 후자의 수입이 비교할 수 없을 만큼 크다는 사실을 발견할 것입니다. 이는 자본주의를 채택한 모든 나라에 해당되는 이야기입니다. 그래서 우리는 자본 소득을 무시할 수 없습니다.

나아가 자본 소득을 외면해서도 안됩니다. 어느 경제 체제든 비슷하겠지만, 특히 자본주의 아래에서 부의 가치는 시간이 갈수록 더욱 커집니다. 그렇기 때문에 근로 소득으로 벌어들인 수익을 가만히 놔둔다면, 그 자산의 가치는 시간이 갈수록 하락할 수밖에 없습니다. 20년 전 1만 원과 지금의 1만 원이 전혀 다른 가치라는 것은 누구나 다 아는 사실입니다. 때문에 자본주의 시대에 소유한 돈을 가만히 놔두는 것은, 즉 말 그대로 '수건에 싸 두는 것'은 스스로 자신의 자산을 조금씩 버리는 꼴과 같습니다.

　　　　　　　　　　　돈: 탐욕의 대상에서 사랑의 도구로

자본 소득의 필수 덕목, 분별력

근로 소득을 얻는 방식은 예나 지금이나 비슷하지만, 자본주의 시대에 자본 소득을 얻을 수 있는 방식은 단순히 이자를 통한 수입뿐 아니라 굉장히 다채로워졌습니다. 예적금 등 은행 이자뿐 아니라 부동산, 주식, 채권, 현물 등 많은 수단이 존재합니다. 그 종목 안에서도 열거하기 힘들 만큼 다양한 상품이 존재하고요. 물론 이것들을 어떻게 바라보고 구체적으로 어떻게 활용해야 하는지는 금융 전문가가 아닌 제가 다룰 주제는 아닌 듯합니다. 다만 제가 이야기할 수 있는 것은 기독교 신앙을 가진 그리스도인이 스스로 자본 소득을 추구하는 데 있어, 그 놀이터의 경계선이 어디까지인지를 가리키는 정도일 것입니다. 그런 의미에서 저는 이 구절에 주목하고 싶습니다.

> 그들이 이 말씀을 듣고 있을 때에(눅 19:11).

본문의 첫 구절입니다. 별 의미 없어 보입니다. 하지만 이 구절을 통해 얻을 수 있는 단서가 있습니다. 이 열 므나 비유가 진공 상태에서 등장한 것이 아니라 다름 아닌 본문의 바로 앞 부분, 즉 앞 장에서 다룬 1-10절의 삭개오의 회심 현장을 전제한다는 사실입니다.

이 책 3장에서 우리는 삭개오가 이룬 막대한 부가 세리장으로 근무하며 얻은 정당하고 적법한 근로 소득이 아니라, 불법과 탈법으로 형성된 불의한 자본 소득임을 확인했습니다. 그런데 우리 시대도 이와 같습니다. 특히 근로 소득에 비해 자본 소득은 책상 위에서 그저 '숫자'로만 처리되는 경우가 많기에, 삭개오처럼 세무 회계에 밝은 이들이 이 맹점을 더욱 잘 활용합니다. 또한 눈에 보이지 않기에 죄책감도 덜합니다. 그래서 자본 소득에 요청되는 덕목은 근로 소득에 요청되는 그것과는 조금 다릅니다. 물론 어떤 소득이든, 즉 어떤 이윤이든 우리에게 요청되는 것은 청지기적 정체성에 기인한 신실함입니다. 다만 이 신실함을 구현하기 위해 근로 소득 추구에 성실함이 필요했다면, 자본 소득 추구에는 다른 덕목이 필요합니다. 바로 '분별력'입니다.

결론부터 말하자면, '투기'와 '투자'를 분별해야 한다는 것입니다. 투기와 투자, 비슷해 보이는 이 두 단어는 어떤 차이가 있을까요? 이 둘을 분별할 수 있는 최소한의 두 가지 기준을 이야기해 보겠습니다. 우선되는 기준은 '판단 주체'입니다. 한마디로, '타인이 결정하는가?' 아니면 '내가 결정하는가?'입니다.

10여 년 전부터 불현듯 나타나 우리 시대 자본 소득 추구의 주요 방법 중 하나로 대두된 암호 화폐, 즉 '코인'을 예로 들어 보겠습니다. 처음 암호 화폐가 등장할 때부터 엄청난 논쟁이 있었습니다. 한쪽에서는 과학에 초점을 맞추어, 이 새로운 자본 소득 추구 수단이 4차 산업 혁명 시대의 도래에 걸맞게 등장한 당연한 결과물이라고 주장하였습니다. 다른 한쪽에서는 경제사에 초점을 맞추어 과거 튤립 파동을 예로 들면서, 이는 그저 사람들의 욕망을 자극하여 탄생한 새로운 종류의 투기이자, 심지어 폰지 사기라고까지 보았습니

돈: 탐욕의 대상에서 사랑의 도구로

다. 생산 수단과 연계된 실물이 없으며, 무엇보다 누군가 손해를 봐야 누군가 이익을 얻는 닫힌 구조의 제로섬 게임(zero-sum game)이기 때문입니다. 다단계가 그러한 구조인데, 다단계는 부정적인 사회 인식 이전에 법으로도 많이 제한되고 있습니다. 만약 제로섬 게임 구조가 맞다면, 즉 누군가의 것을 빼앗아야만 내가 수익을 얻는 것이라면 터부시해야 하는 게 맞습니다.

하지만 시간이 조금 흐르자 이런 논쟁 자체가 무의미해졌습니다. 코인으로 하루아침에 벼락부자가 되었다는 사람들이 나오기 시작했기 때문입니다. 특히 부모 세대처럼 부동산으로 자본 소득을 추구하기 어렵다고 인식한 젊은층을 중심으로 묻지마 광풍이 일어났고, 실제로 돈을 번 사람이 꽤 많았습니다. 그러나 나중에는 그보다 많은 이가 어려움을 겪은 것도 사실이고, 이는 여전히 현재 진행형입니다.

암호 화폐만을 꼬집어 이야기하려고 한 것은 아닙니다. 자신 앞에 놓인 자본 소득 추구 수단이 도대체 어떤 원리와 구조로 수익을 내는 것인지에 대한 아무 이해 없이 그저 돈을 많이 번다고 하니까, 남들이 다들 하니까 사람들이 뛰어든 예로 암호 화폐를 들었을 뿐입니다. 이런 것은 스스로 결정한 것이 아닙니다. 남들에 의해 결정당한 것이지요. 그렇다면 이것은 '투기'입니다. 2023년 중순에 시행된 한 여론 조사에 따르면, 코인을 하는 사람의 70퍼센트는 그것이 투기이자 도박이라고 생각한다는 결과가 나왔습니다. 그렇다면 더더욱 좋은 자본 소득 추구 방식은 아닌 것 같습니다.

우리에게 친숙한 '주식'이라는 수단 역시 마찬가지입니다. 주식은 암호 화폐와 달리 제로섬 구조가 아닙니다. 꽤 오랜 역사를 자랑하는 논란 없는 자본 소득 추구 방식이라 할 수 있습니다. 다만 이역시 "이거 사면 무조건 돈 벌어!", "지금 반드시 사야 돼!" 등 타인들의 말에 따라 결정한다면, 이 수단 자체의 옳고 그름과 별개로 그 사람에게는 '투기가 됩니다.' 반면 투자하려는 회사의 사업 보고서나 재무제표를 스스로 읽어 내고 고민한 뒤 자신이 정한 원칙 아래 추구한다면, 그것은 '투자'입니다. 이처럼 우리는 투기가 아니라 투자를 해야 합니다.

그런데 이 정도의 분별은 신앙을 토대로 하지 않더라도, 건강한 부를 추구하는 지혜자라면 누구나 이야기하는 기준입니다. 그리스도인은 여기에 기준점을 하나 더 세워야 합니다. 바로 '영향력'입니다. 이것이 두 번째 분별 기준입니다. 한마디로 내 이익만 고려하는 것은 투기이고, 영향력까지 고려하는 것은 투자라고 볼 수 있습니다.

또다시 주식을 예로 들어 보겠습니다. 투자를 위해 재무제표를 꼼꼼히 확인해 보니 재무제표의 모든 숫자가 건강하고 완벽합니다. 수익이 나는 것은 기정사실입니다. 그런데 그 회사가 용병 회사라면, 혹은 대부 업체라면, 아니면 피고용인이나 하청 업체의 피를 빨아먹는 곳으로 소문난 악덕 기업이라면 어떨까요? 그 회사의 회계가 아무리 건전한들, 그래서 내게 많은 수익을 가져다줄 것으로 기대된들, 인간성과 생명을 박탈하며 돈을 버는 회사에 자본을 넣는 것은 분명한 투기입니다. 그들이 만들어 가는 악한 영향력에 공동

돈: 탐욕의 대상에서 사랑의 도구로

투자자로서 일조하는 것이기 때문입니다. 물론 돈이 목적인 사람들에게 그것은 여전히 투자일 수 있습니다. 그러나 하나님의 청지기로 사는 그리스도인에게는 투기입니다. 때문에 재무제표에 얽힌 숫자만이 아닌, 투자하려는 회사의 존재 목적과 가치를 반드시 확인해야 합니다. 이런 자료는 해당 회사의 홈페이지에 들어가면 상세히 기록되어 있습니다.

더 중요한 것은 실제로 그 회사를 경영하는 자, 혹은 그 회사 소유주의 실제 삶입니다. 언론이나 매스컴에서 흘러나오는 말은 신뢰할 만한 것이 되지 못합니다. 하지만 개인 혹은 집단의 역사는 숨길 수 없겠지요. 그 대표가, 그 회사가 지금까지 걸어온 길이 윤리적 재무제표입니다. 그리스도인이라면 반드시 그것까지 확인해야 합니다.

두 번째 분별 기준과 관련해서 할 말 많은 자본 소득 추구 수단이 바로 '부동산'입니다. 이 글을 정리하고 있는 현재, 대한민국의 집값은 폭락하고 대출 금리는 엄청나게 올라서 많은 이가 곡소리를 내고 있습니다. 하지만 이는 다 거짓말입니다. 사실 집값은 떨어진 적이 없습니다. 이상할 정도로 오른 고점을 기준으로 판단하면 많이 떨어졌다고 볼 수 있지만, 그 고점은 거품이었을 뿐입니다. 비정상적으로 오른 가격이 조금 떨어졌을 뿐, 집값은 여전히 비정상적으로 높습니다. 그런데도 곡소리를 내는 이유가 뭘까요? 지금까지 부동산 수익 추구 대부분이 거주보다는 투기의 일환으로 이루어졌기 때문입니다. '영끌'이라는 비정상적인 단어가 바로 그 증거입니다. 지금까지 이처럼 무분별하게 투기해 온 영수증이 이제 와서 뒤

늦게 청구되는 것뿐입니다.

지금껏 누구도 자신의 이러한 소득 추구가 타인에게 어떤 영향을 끼치는지 관심없었습니다. 심지어 국가마저 이 투기를 조장해 왔습니다. 빚 내서 집 사는 시스템으로 몰아갔습니다. 그러다 보니 그렇게 살아왔습니다. 그리스도인조차 예외는 아니었습니다. 모두가 그 신화에 물들어 있었습니다. 그러나 더는 그렇게 해서는 안 됩니다. 부동산을 통한 소득 추구가 악이라고 말하는 것이 아닙니다. 그러나 많은 경우, 부동산 소득 추구가 투기였다는 것 역시 부정할 수 없습니다. 그렇다면 부동산을 통해 어떻게 건강한 소득 추구를 할 수 있을까요? 그것은 제 역할이 아닙니다. 이 역시 기독교적 가치를 전제로 하는 부동산 전문가에게 들어 보십시오. (애초부터 상품으로 제시된 상가 임대와 거주 목적이 앞서는 주택 임대는 분리해서 볼 필요가 있습니다.) 다만 모두가 동의하는 해답은 장기적으로 국가가 '선한 임대인'의 역할을 감당하는 것입니다. 지금으로는 그것이 최선의 답으로 보입니다.

당신의 주인은 어떤 분인가

그리스도인은 주인이 주신 것으로 살고, 주인의 것을 다스리는 청지기입니다. 그래서 신실함이 필요합니다. 이 청지기적 신실함이 근로 소득 추구의 자리에서는 성실함으로, 자본 소득 추구의 자리에서는 분별력으로 드러납니다. 그리고 우리 역시 그렇게 소득을 추구하면 될 것입니다.

다만 여기서 끝이 아닙니다. 아직 해소되지 않은 질문이 하나 있기 때문입니다. 어쩌면 그 질문이 건강한 그리스도인의 소득 추구에서 핵심일 수도 있습니다. 바로 이 질문입니다. "분명 같은 주인의 동일한 종이고, 심지어 동일한 돈을 받았는데, 왜 어떤 이들은 신실함으로 노동하고, 어떤 이는 그러지 않았을까요? 왜 이런 차이가 발생한 것인가요?" 사실 그 이유는 이미 만천하에 드러났습니다. 한 므나를 땅에 숨긴 종이 스스로 그 이유를 이렇게 밝혔습니다.

> 이는 당신이 엄한 사람인 것을 내가 무서워함이라 당신은 두지
> 않은 것을 취하고 심지 않은 것을 거두나이다(눅 19:21).

그가 그런 행동을 취한 이유는 분명합니다. 주인을 엄한 자로 보았기 때문입니다. 그렇게 믿었기에 그렇게 살았습니다. 주인에 대한 시각이 그의 행동을 결정한 것입니다. 그렇다면 반대도 마찬가지일 것입니다. 앞선 두 종이 그토록 신실할 수 있었던 것 역시 주인을 그렇게 보고 믿었기 때문입니다. 그들은 먼저 요청하지 않아도 귀한 것을 주시는 분, 자신이 한 것에 비해 말도 안 되게 좋은 것을 선사해 주시는 분, 즉 은혜를 베푸는 선한 분으로 주인을 보았습니다. 그래서 누가 시키지 않아도, 주인이 보지 않아도 신실함을 다한 것이지요. 결국 주인에 대한 시각이 오늘 내 행동을 결정합니다.

신실함 혹은 나태함으로 말이지요.

그렇다면 그리스도인의 소득 추구에서 핵심은 "어떻게 혹은 무엇을 통해 소득을 추구해야 하는가?", 즉 'How'나 'What'이 아님이 분명해집니다. 또한 "얼마나 많이 추구해야 하는가?" 역시 핵심이 아니라는 게 분명합니다. 결국 중요한 것은 'Who'입니다. 즉 "당신에게 하나님은 어떤 분입니까? 그리고 당신은 누구입니까?"라는 질문에 대한 답이 가장 우선입니다. 하나님이라는 분에 대한 시각과, 그 시각에 근거하여 자신을 바라보는 시각이 오늘의 신실함을 결정하기 때문입니다.

그런데 여기에 기막힌 점이 하나 있습니다. 주인은 열 명의 종이 각각 어떤 사람인지 다 알고 있다는 사실입니다. 심지어 한 므나를 땅에 묻어 놓은 종의 어떠함까지도 주인은 어느 정도 알고 있었을 것입니다. 그가 어떻게 하리라는 것이 뻔히 예측되는데도, 주인은 그에게 기회를 주었습니다. 각각의 어떠함과 관계없이 모두 동일하게 한 므나씩 준 것입니다. 이처럼 주님의 은혜는 사람을 가리지 않습니다. 악인에게도 동일한 햇볕과 비를 내려 주십니다. 그러나 주인을 어찌 보는지에 따라 받은 이의 반응은 전혀 다르게 나타납니다. 그분이 신실하게 은혜 베푸시는 분임을 확신하는 이들은 그들 역시 청지기로서 신실함을 지속합니다. 하지만 아무리 성경을 읽어도, 그 성경 말씀이 우리 주님은 은혜로 우리를 대한다는 것을 아무리 알려도, 끝까지 하나님을 엄하고 무서운 분으로만 받아들인다면, 그는 결코 신실함으로 살지 않습니다.

돈: 탐욕의 대상에서 사랑의 도구로

그런데 여기 기막힌 점이 또 하나 있습니다. 반전이랄까요? 주인이 엄한 분이라서 땅에 묻어 두었다고 대답한 그 나태한 종은 사실 주인을 전혀 엄하게 보지 않았다는 것입니다. 정말로 주인을 엄하게 보아 무서워했다면, 그는 분명 주인의 말대로 은행에라도 맡겼을 것입니다. 그러나 이 종은 지금껏 신실하지 않게 일했는데도 자신을 벌하지 않을 뿐더러, 똑같이 한 므나를 나눠 주는 주인의 선한 됨됨이를, 그 은혜를 이용한 자일 뿐입니다. 아니, 궁극적으로는 주인의 명령을 애초부터 무시하고 있었다는 사실을 통해 그가 스스로를 주인으로 여기고 있었던 것이 증명됩니다. 그래서 주인이 최종으로 이렇게 평가한 것입니다.

> 주인이 이르되 악한 종아 내가 네 말로 너를 심판하노니 너는 내가 두지 않은 것을 취하고 심지 않은 것을 거두는 엄한 사람인 줄로 알았느냐(눅 19:22).

주인은 그를 "악한 종"이라고 평가합니다. 과연 이것이 그가 이윤을 남기지 못해서 내린 평가일까요? 나쁜 짓을 많이 해서일까요? 아닙니다. 그 종이 그렇게 행한 근원적 이유 때문입니다. 즉 처음부터 주인의 명령을 지킬 마음이 없는 것에 대한 분노입니다. 주인을 주인으로 보기는커녕 그 선함을 악용하고, 심지어 자신을 주인의 자리에 놓은 그 배신감에 대한 분노입니다. 그것이 주인이 말하는 악의 정체입니다.

그렇다면 이 구절 역시 이해될 것입니다. 이 왕은 악한 종을 처리한 후에 또 다른 명령을 내립니다.

> 내가 왕 됨을 원하지 아니하던 저 원수들을 이리로 끌어다가 내
> 앞에서 죽이라 하였느니라(눅 19:27).

주인이 그들을 '원수'라고 부르며 분노한 이유도 악한 종에게 분노한 것과 같습니다. 이 악한 종과 자신의 왕 됨을 반대하던 이들은 놓인 자리와 행동이 전혀 달랐지만, 주인의 눈에 비친 그들의 정체성은 동일했습니다. 예수님이 자신들의 왕이 되길 원하지 않는 자들, 자신이 계속 주인 행세를 하고 싶던 자들, 그것이 '원수들'이라고 비유된 이들의 정체이자, '악한 종'의 정체입니다. 그런 정체성을 유지하는 이들의 결국은 동일하게 죽음뿐입니다.

그런데 조금 이상합니다. 주님은 은혜라면서 어찌 지금은 그 태도를 유지하지 않고, 이렇게 엄하실까요? 주인은 분명 그 종을 향해 이렇게 표현했습니다.

> 주인이 이르되 악한 종아 내가 네 말로 너를 심판하노니 너는
> 내가 두지 않은 것을 취하고 심지 않은 것을 거두는 엄한 사람
> 인 줄로 알았느냐(눅 19:22).

이는 "네가 말하는 대로, 네가 믿는 대로 돌려받을 것"이라는 의

돈: 탐욕의 대상에서 사랑의 도구로

미의 암시입니다. 즉 주인의 왕 됨과 그분의 통치를 원하고 믿으며, 신실함으로 그 자리를 지킨 자는 그 믿음대로 그런 주인의 다스림을 받습니다. 심지어 그 다스림의 권세를 공유받지요. 반면 주인의 왕 됨을 부정하는 자들은 그들이 믿어 온 대로 결국 두지 않은 것을 취하고 심지 않은 것을 거두는 자들의 나라로 갑니다. 마치 자신들에게 횡포를 부리는 로마의 통치와 같은 곳 말입니다. 주님은 엄하신 것이 아니라, 그저 인내하시다가 결국 그가 심은 대로 거두는 것을 허용하셨을 뿐입니다.

주인을 향한 꺾이지 않는 마음

우리 주님은 언제나 우리를 은혜로 대하십니다. 이는 명백한 사실입니다. 종들은 그저 주인의 것을 가지고 신실함으로 일했을 뿐인데, 주인은 그들에게 고을을 다스릴 권세를 주었습니다. 그런데 이 권세라는 막대한 보상에 주목하는 것은 안타깝게도 핵심을 놓치는 해석입니다. 여기서 핵심은 권세가 아니라, 왕에게 다스릴 권세를 받은 자를 '분봉왕'으로 부른다는 것입니다. 한마디로 그는 더 이상 종이 아닌 자유인이며, 그것도 그냥 자유인이 아니라 왕과 동역하는 분봉왕인 것입니다. 그는 어떠한 대가를 바란 게 아니라 주인의 은혜에 감복하여 그저 신실함으로 살았을 뿐인데, 말도 안 되는, 그 노력에 상응하지 않는 놀라운 대가를 받습니다.

이쯤에서 다시 묻고 싶습니다. 돈이라는 도구를 들고 있는 여러분에게 하나님은 어떤 분인가요? 여러분이 얼마를 들고 있는지, 얼마나 벌었는지, 얼마를 헌금했는지 등은 모두 부차적인 것입니다. 중요한 건 주인을 향한 꺾이지 않는 마음입니다. 그 마음이 신실함이라는 정감을 만들어 냅니다. 부디 그 정체성에 기인하여 신실하십시오. 그리고 현실의 수입을 추구하는 데 있어, 근로 소득에는 성실함으로, 자본 소득에는 분별함으로 행하십시오.

다만 두 가지를 요청하고자 합니다. 우선 '실수는 당연하다'는 것을 기억하십시오. 돈은 매우 강력하고, 우리는 자본주의를 터전으로 살 수밖에 없습니다. 따라서 늘 삭개오 딜레마 속에서 살 수밖에 없습니다. 고로 실수는 당연합니다. 괜찮습니다. 다만 반복하지는 않았으면 합니다. 실수가 반복된다면, 그것은 고의이기에, 여러분이 청지기가 아니라는 증거가 될 뿐입니다.

또 하나 기억하길 바라는 것은 이윤의 결과 면에서 그리스도인은 그리스도인이 아닌 이들보다 조금 뒤처질 수밖에 없다는 사실입니다. 이 세상은 타락의 영향 아래 있고, 그 안에서 형성된 문명에서 경제 활동을 해야 하는데, 이런 상황에서 타인을 보고 그 영향력까지 고려하는 사람은 오직 자기 이익만 보며 수익을 추구하는 사람을 결과에서 이기기 어렵습니다. 애석하게도 이것 역시 현실입니다. 인정해야 합니다. 그러나 그들보다 많이 가져오지 못할 가능성이 있다고 했지, 아예 가져오지 못한다고 하지는 않았습니다. 그저 돈이 우상 되어 악다구니같이 사는 이들과 비교하거나 경쟁하지 말

돈: 탐욕의 대상에서 사랑의 도구로

라는 것입니다.

이런 과정을 거쳐 성실과 분별로 돈을 벌 수 있다면, 그 돈은 죽이는 악한 도구가 아니라, 여러분과 타인과 세상을 살리는 선한 도구가 될 것입니다. 부디 그분의 완전한 통치를 기다리면서, 기꺼이 청지기의 신실함으로 소득 추구의 현장을 마주합시다. 그리고 그 과정에 참된 복이 있길 기원합니다.

1. 하나님을 떠올려 보십시오. 어떤 이미지가 떠오르는지 이야기해 봅시다. 그렇게 떠오르는 이유를 나누어 봅시다.

2. 돈을 사랑하지 않으면서, 돈을 잘 벌 수 있을까요?

3. 당신은 보통 어떤 마음으로 일하십니까? 그런 마음을 갖게 된 이유는 무엇입니까? 당신의 근로 태도에 영향을 끼친 사건이나 사람이 있습니까?

4. 성실성을 기준으로 자신의 최근 근로 태도를 평가해 봅시다.

5. 당신은 자본 소득을 충분히 이해하고 있습니까? 현재 자신이 어떤 자본 소득들을 추구하고 있는지, 또는 추구하려 하는지 나누어 봅시다.

6. 앞서 나눈 기준들로 자신의 자본 소득을 분별해 봅시다. 그 분별을 토대로 볼 때, 어떤 조정이 필요한지 정리해 봅시다.

은혜의 하나님, 수고한 것 없으나 먼저 찾아오시고, 먼저 모든 것을 허락하신 주님을 찬양합니다. 그러나 타락한 세상의 통치 아래 살다 보니, 우리는 만족보다 결핍을 크게 느끼고, 그러다 보니 불의한 의를 추구하기도 합니다. 용서하소서. 다시 오실 주님에 대한 신실함으로 성실한 근로, 분별 있는 소득 추구를 하게 하소서. 주님을 향한 꺾이지 않는 마음으로 살아가는 진정한 부자요, 신실한 청지기 되게 하옵소서. 그리고 부디 그렇게 부를 일구는 과정과 결과로 세상을 치유하게 하소서. 청지기들을 길러 내는 교회 되게 하소서. 다시 오실 왕, 그리스도 예수 이름으로 기도합니다. 아멘.

*

벌 수 있는 만큼 최대한 벌고,
저축할 수 있는 만큼 최대한 저축하고,
줄 수 있는 만큼 최대한 주라.
_존 웨슬리

사랑하지 않고 줄 수 있다.
그러나 베풀지 않고는 사랑할 수 없다.
_에이미 카마이클

*

5장

수입2.
인적 소득

누가복음 16장 1-13절

¹또한 제자들에게 이르시되 어떤 부자에게 청지기가 있는데 그가 주인의 소유를 낭비한다는 말이 그 주인에게 들린지라 ²주인이 그를 불러 이르되 내가 네게 대하여 들은 이 말이 어찌 됨이냐 네가 보던 일을 셈하라 청지기 직무를 계속하지 못하리라 하니 ³청지기가 속으로 이르되 주인이 내 직분을 빼앗으니 내가 무엇을 할까 땅을 파자니 힘이 없고 빌어먹자니 부끄럽구나 ⁴내가 할 일을 알았도다 이렇게 하면 직분을 빼앗긴 후에 사람들이 나를 자기 집으로 영접하리라 하고 ⁵주인에게 빚진 자를 일일이 불러다가 먼저 온 자에게 이르되 네가 내 주인에게 얼마나 빚졌느냐 ⁶말하되 기름 백 말이니이다 이르되 여기 네 증서를 가지고 빨리 앉아 오십이라 쓰라 하고 ⁷또 다른 이에게 이르되 너는 얼마나 빚졌느냐 이르되 밀 백 석이니이다 이르되 여기 네 증서를 가지고 팔십이라 쓰라 하였지라 ⁸주인이 이 옳지 않은 청지기가 일을 지혜 있게 하였으므로 칭찬하였으니 이 세대의 아들들이 자기 시대에 있어서는 빛의 아들들보다 더 지혜로움이니라 ⁹내가 너희에게 말하노니 불의의 재물로 친구를 사귀라 그리하면 그 재물이 없어질 때에 그들이 너희를 영주할 처소로 영접하리라 ¹⁰지극히 작은 것에 충성된 자는 큰 것에도 충성되고 지극히 작은 것에 불의한 자는 큰 것에도 불의하니라 ¹¹너희가 만일 불의한 재물에도 충성하지 아니하면 누가 참된 것으로 너희에게 맡기겠느냐 ¹²너희가 만일 남의 것에 충성하지 아니하면 누가 너희의 것을 너희에게 주겠느냐 ¹³집 하인이 두 주인을 섬길 수 없나니 혹 이를 미워하고 저를 사랑하거나 혹 이를 중히 여기고 저를 경히 여길 것임이라 너희는 하나님과 재물을 겸하여 섬길 수 없느니라.

조선 시대 한 마을에 큰 부잣집이 있었는데, 하루는 그 마을에 도적들이 쳐들어왔습니다. 당연히 도적들은 부잣집으로 향했고, 이내 그 집안 사람들을 해하려 한다는 소식이 온 마을에 퍼졌습니다. 보통 이런 경우 우리는 마을 사람들이 통쾌해하는 장면을 기대합니다. 으레 부자는 소작농들의 고혈을 빨아 부를 일군 악덕 지주일 것으로 연상되니까요. 그런데 이 마을 사람들은 달랐습니다. 마을 소작농들과 심지어 동네 거지들까지 나서서 무기를 들고 그 집을 지켜 주었다고 합니다.

이 일화는 조선 후기 최고 부자이자 존경받는 가문인 경주 최 부잣집에 관련된 실화입니다. 사람들이 '최 부자'가 아닌 '최 부잣집'이라고 지칭하는 것은 이러한 미담과 존경이 특정 인물에 그친 것이 아니라 대대로 이어졌고, 그로 인해 대대로 존경받았기 때문입니다.

분명 최 부잣집은 일반적인 통념에서 벗어났습니다. 그래서 존경받은 것이지요. 사람들은 그 부잣집이 다를 수 있던 이유를 "최 부잣집 육훈"이라는 가훈에서 찾습니다.

1. 과거를 보되 진사 이상은 하지 말라.
2. 재산은 만 석 이상 모으지 말라.

3. 흉년에는 재산을 늘리지 말라.

4. 과객을 후하게 대접하라.

5. 사방 백 리 안에 굶어 죽는 사람이 없게 하라.

6. 최씨 가문의 며느리들은 시집 온 후 3년간 무명옷을 입게 하라.

모든 가르침이 의미 있지만, 특히 눈에 띄는 것들이 있습니다. "재산은 만 석 이상 모으지 말라"와 "흉년에는 재산을 늘리지 말라"가 바로 그것입니다.

혹시 "위기는 곧 기회다!"라는 말을 들어 보셨나요? 누구에게나 통용될 수 있지만, 특히 자본가들에게는 금과옥조인 교훈입니다. 일반적으로 이미 자본이 축적된 부자들은 남들이 위기로 망해 갈 때, 도리어 기회를 잡습니다. 사람들이 망하면서 값싸게 내놓은 것들을 사들여 자산을 불리는 게 일반적이기 때문입니다. 자본가들은 사회의 전반적인 위기 상황에 도리어 더 많은 돈을 축적하여 부의 퀀텀 점프(Quantum Jump. 물리학 용어로, 양자 세계에서 양자가 어떤 단계에서 다음 단계로 갈 때 계단의 차이만큼 뛰어오르는 현상을 뜻하는 말이다. 경제학에서는 이러한 개념을 차용하여 기업이 사업 구조나 사업 방식 등의 혁신을 통해 단기간에 비약적으로 실적이 호전되는 경우를 말하기도 한다_네이버 지식백과에서 인용)를 이루기도 합니다. 그것이 현실입니다. 그런데 조선 후기 최고 재벌로, 마음만 먹으면 만 석은 물론이고 조선 전체의 부를 거머쥘 만한 잠재력을 가진 이 가문에서는 그러지 말라고 엄히 한계를 정해 놓았고, 심지어 타인의 고통을 자양분 삼아 재산을 불리는 것 자체

돈: 탐욕의 대상에서 사랑의 도구로

를 금지했습니다. 물론 가주들이 대대로 이 가훈을 율법주의적(?)으로 지키기만 한 것은 아닙니다. 그들이 '부'를 바라보는 정신까지 대대로 전해진 것이지요.

이 정신은 그들의 재산 운용 전반에 녹아들어 있었습니다. 조선 후기 소작농들은 지주의 땅에 농사를 지어 나온 소출 중 평균적으로 70퍼센트를 상납하고 나머지 30퍼센트를 가져갔다는 게 정설이지만, 최 부잣집 땅을 소작하던 이들은 50퍼센트 이상을 가져갔다고 합니다.

또한 "과객을 후하게 대접하라"는 가훈도 있습니다. 한마디로 나그네를 넉넉히 거두라는 것이지요. 실제로 최 부잣집은 누가 찾아가든 밥을 먹여 주었고, 그러다 보니 하루에 최소 50상, 많게는 최대 250상까지 내겼다는 기록이 남아 있을 정도입니다. 그저 밥만 먹여 준 게 아닙니다. 재워 주기도 하고, 심지어 다음 날이 되면 잘 가라며 노잣돈까지 챙겨 보냈다고 합니다. 무엇보다 이 육훈 가운데 제가 가장 감동받은 가훈은 "사방 백 리 안에 굶어 죽는 사람이 없게 하라"입니다. 사방 백 리라 하면 거의 현재의 서울만 한 땅덩어리인데, 그 안에서 굶어 죽는 사람이 없게 구휼하라는 것은 정말 대단해 보입니다.

도대체 이 육훈을 제정한 사람은 누구이며, 이들은 어떻게 이렇게 살 수 있었는지 궁금할 뿐입니다. 더욱이 일제 강점기 당시, 임시 정부 운영 자금의 60퍼센트를 이 집안에서 지원했다고 하니, 두 손 모아 존경해 마지않게 됩니다. 그런데 가만 보면 이 육훈 중 재산에 관한 가르침들에 묘한 공통점이 엿보입니다. 바로 "어찌하면 수익을 더 남길 수 있는가?"가 아니라 "어찌하면 사람을 더 남길 수 있는가?"에 대한 가르침 같다는 점입니다.

불의한 청지기 비유

누가복음 16장에는 일명 "불의한 청지기 비유"가 등장합니다. 이 비유는 예수님이 가르치신 비유들 중 가장 난해하기로 소문나 있습니다. 아니, 성경 전체를 통틀어 가장 난해한 본문입니다.

비유의 전체 내용은 이러합니다. 한 부자에게 재산을 관리하는 청지기가 있습니다. 그런데 어느 날 이 부자는 청지기가 자기 소유를 낭비하고 있다는 소문을 듣게 됩니다. 결국 부자는 청지기를 해고합니다. 뒤이어 해고를 통보받은 청지기가 먹고사니즘을 심각히 고민하는 장면을 토대로 유추하자면, 그 낭비는 착복이 아닌 나태함 때문인 것으로 보입니다.

그런데 여기서 잠시 짚어 볼 것이 있습니다. 이 책 4장에서 우리는 청지기의 핵심이 신실함이라고 정리했습니다. 그렇다면 이 청지기가 불의하다고 평가받는 것은 단지 주인 재산에 손실을 입힌 물리적 결과 때문이 아니라, 불신실함이라는 마음가짐 때문이라고 연결할 수 있을 듯합니다. 아무튼 이 청지기로 인해 발생한 심대한 문제를 확인한 주인은 그를 불러 이렇게 말합니다.

돈: 탐욕의 대상에서 사랑의 도구로

내가 네게 대하여 들은 이 말이 어찌 됨이냐 네가 보던 일을 셈

하라 청지기 직무를 계속하지 못하리라 하니(눅 16:2).

주인이 그에게 말한 것은 두 가지입니다. 먼저는 '셈하라'는 것입니다. 새번역은 이를 "정리하라"라고 번역하는데, 이 단어는 용례상 '회계 장부의 정리 및 반환 명령'을 의미합니다. 이어지는 또 다른 명령은 '청지기 직무를 계속하지 못하리라'입니다. 간단히 말해 "너, 해고!"라는 것이지요. 이러한 주인의 통보에 청지기가 적극적으로 항변하지 않는 것을 보면, 낭비하고 있다는 소문이 사실이었나 봅니다.

그런데 주인이 매우 이상합니다. 그의 해고를 굉장히 조용히 처리하고 있습니다. 이런 경우라면 응당 손해 배상 청구라도 해야 하는 것 아닌가요? 우리 시대만이 아니라 예수님 시대에도 이와 비슷한 일이 있는 경우, 손해액에 대한 보상을 청구하는 것이 일반적이었습니다. 적절히 보상하지 않는다면, 손해를 끼친 자의 가족을 종으로도 삼을 수 있었다고 전해집니다. 그런데 이 주인은 전혀 그러지 않습니다.

한편 청지기에게는 시간이 얼마 없습니다. 회계 장부를 반환하는 순간, 청지기직도 끝이기 때문입니다. 결국 고심하며 이렇게 자문자답합니다.

주인이 내 직분을 빼앗으니 내가 무엇을 할까 땅을 파자니 힘이

없고 빌어 먹자니 부끄럽구나 내가 할 일을 알았도다 이렇게 하

면 직분을 빼앗긴 후에 사람들이 나를 자기 집으로 영접하리라

하고(눅 16:3, 4).

청지기는 스스로 묻습니다. '내가 무엇을 할까?' 이에 그는 파면이 예고되어 있지만 정리하라며 주어진 유예 시간을 활용하기로 결정합니다. 즉 장부를 반환하기 전까지는 여전히 주인의 재산과 장부를 만질 수 있는 청지기 직분이 유지된다는 조건과, 채무자들은 아직 이 사실을 모른다는 조건을 활용하기로 꾀를 낸 것이지요. 실은 그 꾀란 주인의 것으로 채무자들에게 은혜를 베풀어 그들에게 자신을 향한 '빚진 마음'을 안기는 것이었습니다. 그것이 스스로 물은 '내가 무엇을 할까?'에 대한 대답이었습니다.

약아빠진 꾀를 낸 청지기는 지체하지 않고 과감히 칼을 뽑습니다. 속히 주인에게 빚진 자들을 불러 모읍니다. 모으는 것은 그리 어렵지 않았을 것입니다. 자신이 들고 있는 장부를 흔들면서 '복된 소식'이 있다는 소문만 살짝 퍼뜨리면 되니까요. 그렇게 그 자리에 모인 채무자들에게 청지기가 묻습니다.

주인에게 빚진 자를 일일이 불러다가 먼저 온 자에게 이르되 네

가 내 주인에게 얼마나 빚졌느냐(눅 16:5).

과연 그가 채무자들의 빚이 얼마인지 몰라서 물었을까요? 아닙

　　　　　　　　　　　　　돈: 탐욕의 대상에서 사랑의 도구로

니다. 장부는 아직 그의 손에 있습니다. 모를 리가 없습니다. 알면서도 일부러 물은 것이 분명합니다. 즉 채무자 스스로 자신의 채무액을 청지기에게 말하도록 유도한 것이지요. 그러면 청지기가 직접 그 채무자 면전에서 탕감액을 결정해 줍니다. 이로써 자신에게 엄청난 고마움을 느끼게끔 의도적으로 연출한 것입니다. 그런데 이 장면을 상상하다 보면 뭔가 역설적으로 느껴집니다. 이 정도로 영민한 자가 왜 진즉에 신실하게 일하지 않았을까요? 마음먹고 청지기직을 수행했다면 누구보다도 잘했을 텐데 말입니다.

아무튼 얼마나 빚졌느냐고 묻는 청지기의 질문에, 첫 번째 사람은 "기름 백 말"이라고 대답합니다. 그러자 청지기는 빚 문서에 "오십 말"로 고쳐 적으라고 합니다. 무려 50퍼센트를 탕감해 버리네요. 두 번째 사람은 자신의 빚이 "밀 백 석"이라 답합니다. 그러자 청지기는 "팔십 석"으로 고쳐 적게 합니다. 20퍼센트를 탕감합니다. "빚진 자를 일일이 불러다가"라는 구절에서 우리는 이 두 사람 말고도 많은 이가 청지기를 통해 채무를 탕감받았다는 사실을 알 수 있습니다.

그런데 여기서 질문이 하나 생깁니다. 왜 두 사람의 탕감 비율이 다를까요? 그 이유를 확답할 수는 없지만, 유추할 수 있는 단서가 하나 있습니다. 탕감받은 기름 오십 말과 밀 이십 석은 모두 당시 시세로 500데나리온 정도였다는 점입니다. 탕감 비율은 다르나, 금액으로 치환하면 비슷합니다. 이를 단서로 유추해 보자면, 이 청지기는 상대에게 최고로 생색낼 수 있으면서도, 혹시 주인이 이 무리한 탕감 사태를 알게 되더라도 용인할 수 있을 정도의 액수, 즉 탕감받은 일로 기뻐하며 주인을 칭송하는 채무자들 앞에서 자신의 체면 때문에라도 그냥 용인해 줄 만한 황금 액수를 추산한 것이 아닐까 싶습니다. 물론 제 추정입니다.

고작 비유에 지나치게 몰입하는 것 아닌가 싶겠지만, 어쨌든 이런 추론에 따른다면, 그의 인격은 잘 몰라도 그가 정말 영민한 사람이라는 확신이 듭니다. 그래서 다시 한 번 의문이 듭니다. 이 자는 왜 이 좋은 머리로 사태가 이 지경이 될 때까지 내버려두었을까요?

여러분에게는 이 청지기의 행위가 어떻게 보이시나요? 법을 잘 모르는 평범한 우리 눈에도, 직접적인 이해 관련이 없는 우리 눈에도, 그는 이미 직권 남용과 배임 등 중죄를 저지르고 있음이 분명해 보이지 않나요? 그런데 주인이라면 어떨까요? 피가 거꾸로 솟을 만한 행위자 중범죄라 여길 것이 분명합니다.

그런데 이 비유를 마무리하는 8절은 이상함을 넘어, 전혀 예측할 수 없는, 기괴하고 모순적인 평가를 남깁니다.

> 주인이 이 옳지 않은 청지기가 일을 지혜 있게 하였으므로 칭찬하였으니 이 세대의 아들들이 자기 시대에 있어서는 빛의 아들들보다 더 지혜로움이니라(눅 16:8).

그렇습니다. 이상한 정도가 아니라 기괴합니다. 이런 자를 벌하고 욕하기는커녕, 칭찬하다니요. 그런데 이처럼 납득할 수 없다고 고개를 절레절레 흔드는 청중에게, 아니 우리와 같은 독자들에게 일

　　　　　　　　돈: 탐욕의 대상에서 사랑의 도구로

부러 알려 주시는 듯, 이 비유의 이야기꾼인 예수님은 비유 속 주인이 그렇게 한 이유를 언급하십니다. "일을 지혜 있게 하였으므로."

한마디로 그가 '지혜로웠다'는 것입니다. 점점 미궁으로 빠져드는 느낌입니다. 도대체 주인은 왜 청지기의 이런 짓을 용인하는 것을 넘어 칭찬까지 하는 것일까요? 그를 칭찬한 이유가 '지혜로웠기' 때문이라는데, 도대체 어디서 그 지혜를 발견할 수 있나요? 이런 약삭빠름도 지혜라고 할 수 있나요? 무엇보다 예수님은 이런 모순덩어리 이야기를 통해 듣는 이들에게 무슨 메시지를 전달하고 싶으신 것일까요?

불행 중 다행으로 예수님은 이 비유를 구체적으로 해설해 주십니다. 개역개정 성경에는 원문에 있는 접속사가 생략되었는데, 새번역 성경은 이 접속사를 살려 이렇게 번역합니다.

그러므로 내가 너희에게 말한다(눅 16:9, 새번역).

"그러므로"에 이어지는 이야기가 바로 이 난해한 비유와 평가에 대한 예수님의 해설입니다. 예수님의 해설은 이렇게 시작합니다.

불의한 재물로 친구를 사귀어라(눅 16:9, 새번역).

아직 무슨 뜻인지 와닿지 않을 것입니다. 다만 이 부분이 해설의 결론인 것만 염두에 둔 채 이어지는 예수님의 해설을 조심스레 해석하고 설명해 보려 합니다.

　한 번 더 말씀드리자면 이 비유는 난해하기로 손꼽히는 비유입니다. 이야기 흐름이 일관적이지 않고 그 결론으로 제시된 말씀들이 일견 비상식적으로 보이기 때문에, 학자들조차 이 비유가 무엇을 말하려는 것인지에 대해 의견이 분분하며 통일된 해석을 내어 놓지 못합니다. 그렇다는 것은 반대로 문법적 정합성에서만 벗어나지 않는다면, 다양하게 해석될 수 있다는 것 아닐까요? 그래서 지금까지 나누어 온 맥락 안에서 제 나름의 해석을 제시해 보려 합니다.

"불의한 재물로 친구를 사귀어라"

해석을 위해 염두에 두어야 할 첫 번째 포인트는 문장의 구조입니다. 해설에 나온 문장들의 구조나 연결되는 의미의 맥락상 누가복음 16장 9절은 10절, 11절과 연결되는데, 10절과 11절은 표현만 다를 뿐, 동일한 구조와 내용의 반복입니다. 그렇다면 10절과 11절의 내용, 특별히 예수님이 '이렇게 살아야 한다!'라며 모델로 주장하시는 '자'들을 이렇게 등치할 수 있습니다.

　　지극히 작은 것에 충성된 자(10절) = 불의한 재물에 충성하는
　　자(11절)

　　　　　　　　　돈: 탐욕의 대상에서 사랑의 도구로

그리고 9절 역시 등치되는데, 여기에는 어쨌든 칭찬의 대상이자 그렇게 살라고 권면되는 모델인 9절의 '불의의 재물로 친구를 사귀는 자'도 포함됩니다. 그렇다면 이렇게 등치할 수 있습니다.

불의의 재물로 친구를 사귀는 자(9절) = 지극히 작은 것에 충성된 자(10절) = 불의한 재물에 충성하는 자(11절)

이러한 문장 구조를 고려하여, 추가로 10절의 '큰 것'과 11절의 '참된 것'이라는 표현 역시 등치할 수 있습니다. 여기서 한 가지 더 고려하자면, 본문을 포함하여 누가복음 12-16장에 등장하는 수많은 비유를 묶는 공통 주제가 '하나님 나라'라는 사실입니다. 이를 고려한다면, 여기에 나온 '큰 것', '참된 것'은 다름 아닌 '하나님 나라'를 의미함을 어렵지 않게 추정할 수 있습니다. 그래서 또한 이와 같은 등치가 성립됩니다.

큰 것(10절) = 참된 것(11절) = 하나님 나라

이와 같은 해석은 본문의 문장 구조 등치뿐 아니라, 또 다른 힌트를 통해서도 지지받습니다. 뜬금없지만 이 책 4장에서 다룬 열 므나 비유가 바로 그것입니다. 열 므나 비유에 등장한 왕은 한 므나로 열 므나를 남긴 종을 분명히 이렇게 칭찬했습니다.

네가 지극히 작은 것에 충성하였으니(눅 19:17).

이 칭찬에 등장한 표현, 즉 '충성'이라고 번역된 헬라어 단어와, 본문 10-12절에 반복하여 등장하는 '충성'이라는 헬라어 단어는 동일합니다(새번역은 '신실'이라고 번역합니다). 둘 다 동일하게 주인이 자신의 종들을 평가하는 구도를 그리고 있습니다. 그리고 동일한 단어를 사용하여 종을 평가하고 있습니다. 힌트로 충분한 가치가 있어 보입니다. 때문에 이 힌트를 통해서도 앞서 언급한 해석의 도식이 다시 한 번 성립됨을 알 수 있습니다.

> 불의의 재물로 친구를 사귀는 자(9절) = 지극히 작은 것에 충성된 자(10절) = 불의한 재물에 충성하는 자(11절)

자! 이러한 해석들을 전제로 예수님이 남기신 이 난해한 해설을 제 나름대로 이렇게 번안해 보겠습니다.

> "하나님 앞에 지극히 작은 일이 있다. 불의한 재물에 신실한(충성된) 것인데, 이는 그러한 재물로 친구를 사귄다는 뜻이다. 그런데 이런 작은 일조차 신실하지(충성되지) 못한 자에게 하나님이 어찌 그분의 크고 참된 일, 즉 고귀한 그분의 나라를 맡기시겠는가?"

돈: 탐욕의 대상에서 사랑의 도구로

아직 완전히 이해되지 않았을 가능성이 크니, 다시 한 번 정리해 보겠습니다. 우리는 이 책 4장에서 누가복음 19장을 토대로 그리스도인의 수입을 다루었습니다. 그때 주인은 종들에게 "장사하라", 직역하면 '이윤을 남기라'는 명령을 남기고 떠났습니다. 그리고 훗날 왕위를 받아 돌아온 주인은 자신의 종들을 이윤의 양이 아닌, 주인을 향한 마음인 충성, 즉 신실함을 기준으로 평가하였습니다. 이를 통해 우리는 그리스도인의 수입, 즉 청지기적 신실함을 기반으로 추구하는 두 가지 소득인 근로 소득과 자본 소득에 대해 나누었습니다.

이번 장 역시 비유 속 주인은 앞의 비유와 동일하게 고용된 종의 위치에 있는 듯한 청지기를 칭찬합니다. 그렇다면 당장 이해되지는 않을지라도 그 청지기의 행위로 인해 주인에게 무언가 분명한 소득이 남았기 때문이라고 추정할 수 있습니다. 그리고 예수님도 수입을 다루는 누가복음 19장 비유에서 종들을 칭찬한 단어, 즉 '충성'을 거듭 사용하시면서 이 청지기를 옹호하는 듯이 비유를 해설하십니다. 물론 이상합니다. 아무리 봐도 본문에는 무언가를 얻은 내용은 전혀 없어 보이고, 도리어 막대한 손해를 남긴 내용만 있는 것 같으니까요. 때문에 그는 충성됨, 즉 신실한 게 아니라 아무리 봐도 불신실하다고 평가하는 게 맞아 보이니까요.

그러나 그렇지 않습니다. 이 본문에는 분명 무언가 소득이 발생했고, 청지기는 그 무언가의 소득을 발생시켰습니다. 그래서 주인도, 예수님도 그렇게 칭찬하고 해설하신 것입니다. 물론 이 소득의 정체와 그렇게 칭찬하시는 이유를 쉬이 알아차리기는 어렵습니다. 이때 발생한 소득은 일반적으로 우리가 소득의 잣대로 삼는 '돈'이 아니기 때문입니다. 그렇다면 우리를 미궁에 빠뜨리게 만든 그 숨겨진 소득의 정체는 도대체 무엇일까요? 그것은 다름 아니라 '사람'입니다. 근로 소득과 자본 소득을 잇는 제3의 소득인 일명 '인적 소득'이랄까요? 바로 이번 장을 통해 나누고 싶은 소득이자, 신앙인에게 가장 중요한 소득의 정체입니다. 그렇다면 이 불의한 청지기가 남겨서 칭찬받은 그 '인적 소득'이란 도대체 무엇입니까?

사람을 남기는 지혜로움

제게 명절 때만 되면 날아오는 문자 메시지들이 있습니다. "행복한 한가위 되세요!", "행복한 설날 되세요!" 등입니다. 그런데 한 2-3년 정도 지나면 그분들에게 더 이상 메시지가 오지 않습니다. 제가 답장을 잘 하지 않으니까요. 교분이 별로 없는 이들이 보내는 문자이기도 하지만, 누가 봐도 '복붙 신공'이 발휘된 단체 문자에 굳이 답장해야 할 필요를 느끼지 못하기 때문입니다. 그런데 이런 저의 일관된 무반응에도, 지치지 않고 해마다 빠짐없이 연락하는 사람들이 있습니다. 심지어 선물까지 보내 줍니다. 끊임없이 제 복을 빌고 안부를 묻는 이 천사같은 사람들은 대체 누굴까요? 다름 아니라 제게 자동차를 판 영업 사원, 보험을 판 영업 사원들입니다.

이들은 제 무반응에도 계속 관심을 주고 선물도 합니다. 도대체 이들은 어떻게 그럴 수 있을까요? 그만큼 저를 몹시도 사랑해서일 까요? 아니면, 타고난 천사들이라 그럴까요? 결코 아닐 것입니다. 이유는 단순합니다. 제게 관심 있음을 계속 표현하고 심지어 선물 까지 보내서 제게 남모를 심리적 부채를 안기는 것이지요. 그래서 훗날 또 다른 계약이나 사업 건수가 생길 때 가장 먼저 자신들을 찾 기를, 혹은 제가 직접 구매하지는 않지만 다른 이들에게라도 소개 하기를 기대하는 요량에서 비롯된 전략적 노림수입니다.

물론 저도 그들의 속내를 다 압니다. 하지만 사람 마음은 다 같 습니다. "이러는 의도가 무엇인가?"라는 질문에 대한 답이 중요하긴 하지만, 누구나 자기한테 잘 하는 이에게 잘 해주고 싶은 게 인지상 정입니다. 이처럼 사람은 자신에게 시간을 쓴 사람, 돈을 쓴 사람에 게 심리적 부채, 즉 빚이 생깁니다. 역으로 보면 이 말은 상대가 안 는 심리적 '부채'가 고스란히 선물을 준 사람의 '소득'으로 돌아온다 는 의미이기도 합니다. 이것이 일명 '인적 소득'의 정체입니다.

앞서 주지했듯이 이 비유는 불의한 청지기의 질문에서 시작되 었습니다. 길바닥에 내앉을 위기 속에서 '어떻게 해야 할까?', 즉 '무 엇을 남겨야 하는가?'라고 스스로에게 던진 질문 말입니다. 물론 그 는 그 질문에 대한 답을 명료하게 입밖으로 꺼내지는 않았지만, 이 어지는 그의 행동을 통해 우리는 어렵지 않게 그 답을 유추할 수 있 습니다. 바로 '사람을 남기겠다'는 것이지요. 그는 그 답에 따라 행 동했고, 뒤늦게 그의 답을 확인한 주인은 이렇게 채점합니다. "지혜롭다!" 이것이 비유의 골자이고, 이어지는 예수님의 해설 역시 그런 맥락에서 이루어졌습니다.

이와 같은 정리를 염두에 둔다면, 이 비유와 해설을 통해 예수님이 전달하시고자 하는 메시지가 눈에 들어옵니다. 예수님이 이 가르침을 통해 "빛의 아들들"(8절)이라 불리는 이들을 작정하고 질책하고 계시다는 것 말입니다. 예수님의 이러한 질책성 어조를 빌려, 조금 강하게 말하면 이렇게 표현할 수 있습니다. 조금 노골적이고 직설적이더라도 양해해 주시길 바랍니다.

"매일 천국이니, 하나님 나라니, 그런 거대 담론 얘기 그만해라! 여기 '지혜로운 이 세대의 아들들', 즉 자신을 위해 영업하는 사람들을 보아라! 끊임없이 상대에게 관심을 표하고 물리적 선물을 안겨서 상대의 마음을 얻기 위해 얼마나 노력하는지 똑똑히 보아라! 너희는 그들이 자신의 유익을 위해 그렇게 한다고 쉽게 폄하하지만, 심지어 불의하다고 말하지만, 그런 너희는 내가 준 것들로 이 작은 일조차 하지 않으면서 도대체 무얼 하고 있느냐? 지금까지 사람을 사랑하라는 말을 들어 왔으면서, 고작 이 작은 일조차 신실하지 못한 너희가 감히 '사랑'을 입에 담는다고? 이 작은 일에도 신실하지 못하면서, 거기에 하나님 나라가 임하길 원한다고? 내가 준 것들로 이 작은 일에도 신실하지 못하면서 감히 자신을 제자라고, 청지기라고 부른다고? 그것은 명백한 언어도단이다!"

자신을 빛의 아들들로, 청지기로 여기면서, 또한 말은 그리하면서 전혀 사람을 남기지 못하고 우물쭈물하는 이들을 질책하시며 예

　　　　　돈: 탐욕의 대상에서 사랑의 도구로

수님은 부디 하나님이 주신 것들, 특별히 "재물로 사람을 남기라!"고 말씀하고 계십니다. 사람을 남기는 것이 인적 소득이며, 그것이 예수님이 줄기차게 말씀하시는, 그리스도인이 따라야 하는 유일한 법인 사랑을 구현하는 또 다른 방식이기 때문입니다. 그래서 저는 확실히 각인되도록 이렇게 표현하고 싶습니다. "여러분! 부디 돈으로 사랑하십시오!"

오해는 금물입니다. 돈이 없다고 해서 사랑을 하지 못하는 건 아닙니다. 그러나 재물이 그 손에 들려 있는데도, 심지어 하나님이 주신 돈을 들고 있으면서 사랑은 돈으로 하는 것이 아니라고 주장한다면, 그것이야말로 심각한 오해입니다. 설마 가족에게도, 애인에게도 그렇게 말할 것인가요? "나는 너를 사랑하지만, 너에게 쓸 돈은 없어!" 절대 그런 사람은 없습니다. 절대 그런 사랑은 없습니다.

청지기를 대하는 주인의 마음

이쯤에서 잠시 앞서 거듭 언급한 의문에 대한 답을 찾아볼까 합니다. "이렇게나 머리가 기민한 청지기가 왜 지금껏 신실하지 못했을까?" 이 의문에 대한 힌트 역시 계속 언급된 열 므나 비유에 담겨 있습니다.

그 비유에서 귀인은 동일하게 한 므나씩 주면서 동일한 명령, 즉 '이윤을 남기라'는 명령을 내렸는데, 왜 어떤 이는 그 명령을 따라 그 결과로 이윤을 남기고, 왜 어떤 이는 처음부터 그 명령을 무시하고 수건에 싸 두었을까요? 앞 장에서 우리는 서로 다른 이 행동들은 그들의 능력 차이가 아니라, 그들이 평소에 주인을 어떤 분으로 여기고 있었는지에 대한 시각 차이에서 비롯되었다고 정리했습니다. 주인을 은혜로운 자로 본 종은 신실함으로 주인을 대했으나, 주인을 "엄한 사람"(눅 19:22)으로 본 종은 불신실함으로 주인을 대한 것이지요. 아니, 사실 그는 주인을 주인으로 대한 것이 아닙니다. 자신을 주인으로 본 것일 수도 있습니다.

그렇다면 이토록 영민한 불의한 청지기의 나태함 역시 이런 맥락에서 설명할 수 있습니다. 이 의문에 대한 답은 그의 능력 문제가 아니라, 평소에 그가 주인을 어떻게 바라보고 있는지에 달려 있던 것입니다. 그렇다면 도대체 이 청지기는 주인을 어떻게 보고 있던 것일까요?

우선 열 므나 비유와 비교하여 본문의 주인이 어떤 사람이었는지, 그리고 이 주인이 청지기를 어떤 시각으로 보고 있었는지를 먼저 살펴보는 게 나을 듯합니다. 우선되는 단서는 동네 사람들이 "당신의 청지기가 낭비합니다!"라며 기꺼이 그 사실을 알려 주었다는 것입니다. 이것만 보더라도, 사람들이 이 주인을 어떻게 보았는지 알 수 있습니다. 이번 장 도입부에 언급한 최 부잣집의 덕스러움이 생각납니다. 그런데 이 주인은 덕스럽다 못해 호구짓을 시현합니다. 그는 분명 청지기의 낭비를 확인했는데도 적법하게 손해액을 회수하거나 응징하는 조치를 전혀 취하지 않고, 그저 그를 조용히

돈: 탐욕의 대상에서 사랑의 도구로

떠나보내려 합니다. 심지어 이후 이 청지기가 제멋대로 빚 탕감 잔치를 한 사실을 알고도, 즉 누가 봐도 뒷목 잡고 쓰러질 만한 배임 행위를 확인하고도, 분노는커녕 그의 지혜로움을 칭찬하고 있습니다. 이 정도면 덕스럽거나 호구 정도의 평가로 갈무리될 만한 사안이 아닙니다. 뭔가 많이 기괴합니다.

과연 세상에 이런 사람이 존재할까요? 현실에 이런 사람이 존재한다면 그 가능성은 둘 중 하나입니다. 하나는 정상적으로 사고할 수 없을 만큼 지능에 문제가 있는 사람입니다. 그러나 그 정도의 바보가 이 정도의 부를 일구거나 유지할 가능성은 없겠지요. 그렇다면 가능성은 단 하나밖에 남지 않습니다. 만약 그 청지기가 이 주인의 '가족'이라면, 그렇다면 이 사태가 납득됩니다. 이 자를 향한 주인의 조치들은 가족을 향한 그것과 같습니다. 물론 혈연 관계는 아니기에, 결론을 내리자면 주인이 이 청지기를 지금껏 피고용인이 아닌 가족'처럼' 여기고 대해 왔다고 추측해 볼 수 있습니다.

과도한 유추라고 해도 할 말은 없습니다만, 무리한 유추는 아닙니다. 이 비유 직전인 누가복음 15장 하반부에 그 유명한 "탕자의 비유"가 등장하기 때문입니다. 당시에 당연히 기대되던 부자지간의 문화에 따르면, 둘째 아들은 아버지의 사랑과 호의를 배신한 뒤 아버지를 등지고 떠나 버린 패륜아입니다. 아버지의 명예를 실추시키고, 나아가 아버지의 빠른 죽음을 재촉한, 따라서 당대의 문화적 관례상 돌 맞아 죽어 마땅한 자이지요. 그런데 그런 천하의 패륜아라도 다시 돌아오니 아버지는 버선발로 뛰어나가 맞이합니다. 그 아들은 염치가 없어서 자신을 그저 종의 하나로 받아들여달라고 요청하지만, 아버지는 도리어 그의 손가락에 가락지를 끼워 주며 기어코 그를 다시 아들로 받아 줍니다. 그래서 이 아들을 '탕자'라고 부르는 것에 착안하여, 팀 켈러 목사는 이 아버지를 가리켜 '탕부'라고 부릅니다. 비상식적이고 불공정해 보이는 이런 행태로 인해 첫째 아들의 반발을 살 수밖에 없는 일명 '방탕한 아버지', 바로 이 탕부의 모습이 언제나 우리를 은혜로 대하고 자녀 삼으시는 하나님의 실제입니다.

가슴 먹먹해지는 이 비유에 이어 나온 것이 바로 이번 장에서 다루고 있는 불의한 청지기 비유입니다. 돌아온 탕자를 품는 탕부의 모습이 불의한 청지기를 칭찬하는 넉넉한 주인의 모습에 그대로 투영됩니다. 그 아버지라는 분은, 그 주인이라는 분은 이상한 분이 맞습니다. 그가 혈연 관계든 고용 관계든, 첫째든 둘째든, 탕자든 의인이든 상관없이 가족으로 바라보고 자식처럼 대합니다. 그것이 이 미련한 아버지이자 주인, 즉 하나님의 어떠하심입니다.

은혜를 아는 자여, 돈으로 사랑하라

자, 다시 돌아가 봅시다. 과연 이 청지기는 자신의 주인이 어떤 분인지, 그리고 자신을 어떤 마음으로 대하는지 몰랐을까요? 누군가의 진면목을 알고 싶다면 구구절절한 사연 따위는 듣지 않아도 됩

돈: 탐욕의 대상에서 사랑의 도구로

니다. 그저 그의 회계 장부를 보면 됩니다. 여러분이 어떤 사람인지는 카드사 직원이 가장 잘 알 수도 있고, 여러분의 사업체가 어떤 곳인지는 세무 회계사가 가장 잘 알 수도 있습니다. 이런 맥락에서 볼 때, 주인의 가장 근거리에 머물며 그의 회계 장부까지 들고 있는 이 청지기는 어쩌면 가족보다 주인의 됨됨이를 더 잘 아는 사람일 것입니다. 모르는 게 아니라 너무 잘 알아서 탈일 정도지요. 즉 그는 이 주인이 누구에게든 은혜로 대한다는 것, 심지어 자신을 가족처럼 대한다는 것을 아주 잘 알았습니다. 그러나 이 불의한 자는 그분의 은혜를 누리기보다 그분이 은혜로운 분임을 악용했습니다. 누가복음 15장에서 탕자가 아버지의 사랑 많음과 넉넉함을 확신했기에, 당시 문화에서 전례가 없는 요구, 즉 유산을 미리 달라는 패륜적 요구를 스스럼없이 할 수 있던 것처럼 말이지요. 너무 잘 알았기에 이용한 것입니다.

이처럼 청지기는 주인이 어떤 사람인지, 그리고 그 주인이 자신을 어떻게 여기는지 아주 잘 알았습니다. 그러나 주인이 자신을 가족처럼 대한 것과 달리, 그는 주인을 가족처럼 바라보지 않았습니다. 아무리 자신을 가족처럼 여기며 은혜를 베풀었어도, 청지기 눈에 주인은 여전히 다른 고용주들과 같습니다. 자신을 고용해서 부려 먹다가 언제라도 해고할, 그저 그런 고용주 중 하나로만 보았을 뿐이지요. 그 주인이 은혜로운 사람임을 똑똑히 알지만, 그 은혜를 수용한 것이 아니라 거부했습니다. 탕자처럼 그 주인의 은혜를 악용했을 뿐이지요. 그리고 주인에 대한 그의 시각이 나태함, 즉 불신실함을 만들어 냈습니다. 주인을 바라보는 시각이 청지기의 태도, 즉 신실함과 불신실함을 결정하는 것입니다.

이제 여러분에게 묻고 싶습니다. 여러분의 주인은, 여러분의 아버지는, 즉 여러분의 하나님은 여러분에게 어떤 분인가요? 여러분에게 하나님이란 그저 세상에 널린 고용주, 즉 세상에 널린 신들 중하나인가요? 그래서 우리가 노력한 만큼만 보상을 주시는 그런 분인가요? 혹시 그조차도 제대로 보상하지 않는 악덕 업주 같은 분인가요? 아니면 반대로 나는 그저 종이고 피고용인일 뿐인데, 그런 나를 믿고 귀한 것을 맡기시는, 심지어 아무 조건과 대가도 없이 이런 나를 자녀이자 가족으로 받아 주시는, 진정한 은혜의 주인이자 아버지이신가요? 후자의 시각으로 하나님을 바라보신다면, 자연스레 청지기적 '신실함'이 발현될 것입니다. 이에 따라 근로 소득과 자본 소득이 일구어지는 현장에서도 신실함이 드러나겠지요. 결국 우리의 태도는 조건과 환경, 그리고 결과에 좌우되지 않습니다. 그저 주인에 대한 마음가짐에 근거하여 임하는 것이니까요.

나아가 "돈으로 사람을 남겨라!", "돈으로 사랑하라!"와 같은 자극적 표현으로 권하지 않더라도, 나의 아버지, 나의 주인이 나에게 그러하셨듯 나 역시 타인을 은혜로 대하게 될 것입니다. 어느 자리에서든 결국 인적 소득을 남기는 방식으로 행동하겠지요. 사람을 남기는 은혜 베풀기 말입니다. 그 은혜는 절대 말로만 베풀어지지는 않을 것입니다. 하나님이 내게 일용할 양식을 주셨듯, 나 역시 돈을 써서 물리적 은혜를 베풀 수밖에 없습니다. 그래서 숨겨진 제

돈: 탐욕의 대상에서 사랑의 도구로

3의 소득인 이 인적 소득은 가장 남기기 어려운 소득인 동시에 신앙과 가장 직접적으로 결부된 소득이라고 할 수 있습니다. 각설하고 자신의 신앙을 아무리 항변하더라도 주변에 사람이 전혀 남아 있지 않다면, 신앙에 대한 그의 항변에는 뭔가 어폐가 있는 것입니다.

때문에 하나님을 은혜의 주인이자 아버지로 모시는 여러분에게 요청드립니다. 돈으로 사랑하십시오! 그래서 아버지의 은혜가 여러분을 통해 다른 이들에게 흘러가게 하십시오. 그들이 여러분의 사랑과 은혜를 보고, 여러분의 아버지이자 주인이신 하나님을 찬양하게 하십시오. 더 이상 그 주인이 악독하고, 강압적이고, 표리부동한 분으로 불리지 않게 하십시오. 그 선하신 분이 욕먹는 것은 그분의 어떠하심 때문이 아니라, 모두 청지기인 우리가 그 주인을 그렇게 보이게 만들었기 때문입니다.

우리가 돈으로 사랑할 때, 돈이 없어서 스스로 빚진 자의 굴레에 빠져 허우적대는 이들에게 기쁨을 되찾아 주고 사람다움을 되찾아 줄 수 있습니다. 그들이 물리적 결핍을 채우는 것을 넘어, 사람의 온기를 느낄 수 있기 때문입니다.

다만 주의해야 할 것이 있습니다. 설사 우리가 그렇게 돈으로 사랑하더라도, 어떤 이들은 거기에 반응하지 않을 수 있다는 점입니다. 주인이 아무리 가족처럼 대해도, 불의한 청지기가 그것을 무시한 것처럼 말입니다. 그래도 상관없습니다. 조건과 환경이 준비되었기에 신실함으로 일한 게 아니라 주인을 보고 일했듯이, 우리가 인적 소득을 추구하는 과정에 상대의 반응은 핵심이 아닙니다. 반응이 동반된다면 금상첨화겠지만, 반응이 없다고 해서 주인을 향한 신실함의 행동, 즉 은혜 베푸는 일을 그만둘 이유는 되지 않습니다. 다만 베푼 만큼 돌려받지 못한다는 사실을 망각하면 나도 모르게 은혜의 수혜자들에게 돌려받길 기대하게 되고, 그 기대가 충족되지 않으면 상처받을 수 있습니다. 그러하기에 반응이 없을 수도 있다는 점을 반드시 기억하십시오.

무엇보다 여러분 자신을 지키기 위해서라도, 돈으로 사랑하라고 권면하고 싶습니다. 눈치채셨는지 모르겠지만, 예수님은 이 비유를 해설하시면서 그냥 '재물'이라고 하지 않으시고 '불의한 재물'이라고 표현하셨습니다. 그 이유가 있습니다.

성경 본문에서 '재물'이라고 번역된 말은 헬라어로 '맘몬'입니다. 이 책 1장에서 설명한 바로 그 단어입니다. 1장에서는 중립적 도구일 뿐인 돈을 복이라고 믿어 버린 사람들에 의해 신격화된 재물이 '맘몬'이라고 정리했습니다. 이어지는 2장에서는 오늘날과 같은 자본주의 시대에 돈을 그저 도구로만 바라볼 수 있는 인간은 거의 없다고 정리했고요. 그렇다면 우리는 인정해야 합니다. 어느 시대에나 돈은 맘몬적 가능성이 농후했지만, 우리 시대의 돈은 이미 '맘몬', 즉 '불의한 재물'일 수밖에 없다는 사실을 말입니다. 그런데 주님은 분명히 이렇게 말씀하셨습니다.

불의의 재물로 친구를 사귀라(눅 16:9).

돈: 탐욕의 대상에서 사랑의 도구로

그렇다면 이렇게 의역할 수 있지 않을까요? "맘몬으로 차라리 친구를 사귀어라!" 이 역시 무리한 해석으로 보이시나요? 본문 마지막 구절에 주목해 보십시오. 매우 유명한 구절입니다.

> 집 하인이 두 주인을 섬길 수 없나니 혹 이를 미워하고 저를 사랑하거나 혹 이를 중히 여기고 저를 경히 여길 것임이니라 너희는 하나님과 재물을 겸하여 섬길 수 없느니라(눅 16:13).

인적 소득을 추구하는 것은 나를 통해 은혜를 경험하는 타인들의 유익만 있는 것이 아닙니다. 부수적으로 나의 물리적 유익으로 되돌아오기도 합니다. 그러나 더 핵심적인 유익은 인적 소득을 추구하는 것이 결국은 주인 되려는 맘몬에 저항하는 방어 도구이자, 하나님을 주인으로 섬기는 데로 나아가는 공격 무기가 된다는 점입니다.

비유는 여기서 끝나지만, 이 비유의 후속 이야기를 상상해 본다면 이런 그림을 그릴 수도 있을 듯합니다. 채무자들은 이 청지기가 주인의 대리자임을 알기에, 청지기에게만 빚진 마음을 갖는 게 아니라 그 주인에게도 영광을 돌렸을 것이 분명합니다. 그런 분위기라면 그 자리에서 기쁨의 잔치가 벌어지지 않았을까요?

인적 소득을 추구해야 합니다. 그것이 사람을 살리고, 자신에게도 유익이 되며, 맘몬의 계교에 넘어가지 않게 하는 무기가 되기 때문입니다. 한 발 더 나아가 그 소득 아래 들어온 모든 이가 기뻐하며 하나님에게 영광 돌리고, 바로 그 자리에 하나님 나라가 세워지기 때문입니다. 그런데 하나님이 주신 그 재물로 이러한 작은 일조차 신실할 수 없다면, 그는 이미 하나님이 아닌, 돈을 섬기고 있다는 뜻입니다. 그런 자에게는 '참된 것', 즉 하나님 나라가 주어지지 않습니다. 하나님이 진정 은혜시라면, 그리고 여러분의 주인이자 아버지라는 믿음과, 그 믿음에서 비롯된 시각이 있다면, 여러분은 그 맘몬으로 인적 소득을 추구하는 작은 일에 기꺼이 동참할 것입니다.

인적 소득의 필수 덕목, 지혜

우리는 이러한 가르침에 병행되는 예수님의 냉정한 평가도 잊어서는 안 됩니다. 예수님은 주인의 입을 빌려 인적 소득을 남긴 점만큼은 지혜롭다고 칭찬하셨지만, 청지기의 정체성에 대해서는 "불의한" 청지기(8절)라고 수식하셨습니다. 연이어 이 청지기를 의미하는 말로 "이 세대의 아들들"(8절)이라는 표현도 사용하셨지요. 이처럼 인적 소득을 추구한 행동에 대해서는 일관되게 칭찬하셨지만, 주인을 그렇게 보고 악용한 그의 됨됨이와 정체성은 일관되게 부정적으로 평가하셨습니다.

결국 예수님이 요청하신 것은 그의 행동이지, 그의 정체성이 아닙니다. 바로 이 점이 앞서 언급한 탕자와 다른 점입니다. 둘 다 그의 아버지가, 그의 주인이 은혜로운 분임을 알았고, 그것을 이용했

돈: 탐욕의 대상에서 사랑의 도구로

습니다. 그런데 탕자는 아버지가 은혜로운 분이라는 믿음을 갖고 결국 아버지의 품으로 돌아왔지만, 불의한 청지기는 끝까지 그가 은혜로운 분이라는 점을 이용만 합니다. 그리하여 본문과 같은 '탕 감쇼'를 과감하게 펼치고, 그로 인해 인적 소득을 얻어 낸 것입니다. 그래서 예수님은 인적 소득을 얻은 지혜는 좋게 평가하셨지만, 그의 정체성에 대해서는 수식어를 통해 일관되게 부정적으로 평가하신 것입니다.

우리는 예수님의 이러한 평가를 명심해야 합니다. 결과가 좋다고 다 좋은 것이 아닙니다. 남의 것에 신실할 때, 주님도 여러분에게 불의하지 않은 주님의 것을 내어 주십니다. 그러나 불의함으로 소득을 추구하면, 그로 인해 근로 소득을 얻든, 자본 소득을 얻든, 심지어 인적 소득을 얻든 관계없이 아무리 의로워 보이는 결과를 얻어도 하나님은 그 청지기를 가리켜 불의하다고 평가하십니다. 이는 분명한 사실입니다.

그렇다면 우리는 인적 소득을 추구하기 위해 어찌해야 할까요? 앞 장에서는 신실한 청지기라면 근로 소득을 추구하는 데 성실함이, 자본 소득을 추구하는 데 분별함이 필요하다고 했습니다. 마찬가지로 신실한 청지기로서 인적 소득을 추구할 때 필요한 것이 있습니다. 바로 칭찬받은 그 덕목, '지혜'입니다.

청지기는 당면한 위기 앞에서 "무엇을 해야 하는가?"라는 질문을 던졌고, 이에 대해 다른 것이 아닌 "사람을 남기자"라는 답변을 떠올렸습니다. 보통 사람들이라면 '사람'이 아니라, 미봉책에 지나지 않을 물질적인 '무언가'를 찾았을 텐데 말이지요. 그래서 예수님이 그 지혜를 칭찬하신 것입니다. 그런데 이 지혜에 이르는 과정을 조금 더 세심하게 보아야 합니다. 무엇보다 "무엇을 해야 하는가?"라는 질문을 던졌다는 것, 그리고 그 답을 찾는 과정에서 청지기가 자신의 능력을 정확하게 '인지'하고 '인정'했다는 것이 중요합니다. 그는 자신에 대해 이렇게 읊조립니다.

> 내가 무엇을 할까 땅을 파자니 힘이 없고 빌어먹자니 부끄럽구
> 나(눅 16:3).

청지기는 육체 노동을 하기에는 자신의 근력이 부족하고 어울리지 않는다는 것과 남에게 아쉬운 소리를 잘 못한다는 것을 정확히 인지하고, 자신이 잘하지 못하는 것에 대해 부끄러워하기보다 냉정하게 인정했습니다. 인적 소득이라는 해답을 찾았어도 자신의 현재를 제대로 인지하거나 인정하지 못한다면, 즉 자기 이해가 부재하다면, 낭패를 볼 수밖에 없습니다.

청지기는 자신의 능력만이 아니라, 현재 자신이 처한 조건에 대해서도 확실하게 이해하고 있었습니다. 아직 회계 장부를 넘기지 않았기에 자신이 여전히 주인의 재물을 다룰 권리가 있다는 조건을 정확하게 파악하고 이를 십분 활용한 것이지요. 이처럼 자신의 능력과 조건에 대한 인지와 인정 없이, 그것들을 과소 평가하거나 과대 평가한다면 제대로 된 인적 소득을 추구하기는 불가능합니다.

돈: 탐욕의 대상에서 사랑의 도구로

사실 이러한 인지와 인정은 근로 소득과 자본 소득을 추구하는 데도 필요합니다. 주인이 '이윤을 남기라'고 했지만, 자신은 도무지 장사를 할 수 없는 사람일 수도 있습니다. 그런데 많은 소득을 가져다 준다는 이유에서 장사라는 직업을 갖는다면 소득은커녕 부채만 쌓일 수 있습니다. 자본 소득에서도 주식과 같은 자본 수단을 취득했을 때, 그 수단을 취한 지 오래되었음에도 단기간 등락에 따라 지나치게 일희일비하는 사람이라면 소득은커녕 부채만 쌓이거나, 제대로 된 일상을 꾸려 나갈 수 없을 것입니다. 자신의 능력만이 아니라 조건 역시 마찬가지입니다. 자신에게 있는 조건을 토대로 지혜를 발휘할 때 결과가 나오는 법이지, 자신에게 없는 조건을 토대로 해서는 아무리 머리를 굴려 봤자 나오는 것이 없습니다.

따라서 지혜의 또 다른 요소에도 주목해야 합니다. 바로 '타이밍'입니다. 청지기는 자신에게 회계 장부가 있다는 조건을 십분 활용하는 과정에서 자신에게 주어진 시간이 얼마 없다는 것 역시 파악했습니다. 그래서 자기 손에 인적 소득을 추구할 수 있는 자본이 아직 남아 있는 그 타이밍에, 그때 아직 빚을 갚지 못한 채무자들을 대상으로 일을 벌인 것입니다. 그런데 만약 장부를 손에 쥔 그 잠깐의 타이밍을 놓쳐 버렸다면, 또는 이미 그 채무자들이 모든 빚을 갚아 버린 후라면, 아무 일도 일어나지 않았겠지요.

인적 소득의 속성이 특히 그러합니다. 근로 소득이나 특히 자본 소득에 있어서도 타이밍은 중요하지만, 인적 소득에 비할 바가 아닙니다. 인적 소득의 타이밍은 지극히 한정적입니다. 도움이 필요한 사람이 늘 내 곁에 있지도 않을 뿐더러, 있다 한들 금세 도움이 필요 없어질 수도 있습니다. 정작 기회가 주어져도 돈이 늘 내 손에 머물러 있는 것은 아닙니다. 하필 그때 가진 게 없을 수도 있습니다. 때문에 인적 소득은 그 사람에게 필요할 때에만, 그리고 내 손에 무언가를 들고 있을 때에만 추구할 수 있는 '한정판' 수입입니다. 이처럼 자신이 무엇을 남겨야 하는지, 즉 돈이 아니라 사람을 남겨야 한다고 판단할 수 있는 것뿐 아니라, 자신의 능력과 조건을 정확히 인지하고 인정하는 것, 나아가 타이밍을 가늠하는 것도 지혜입니다.

그런데 이것저것 따질 필요 없습니다. 지혜는 결코 먼 곳에 있지 않습니다. 여러분 주변에 대상자가 있고, 여러분이 당장의 끼니를 걱정할 정도가 아니라면, 이미 여러분에게는 넉넉한 자본이 있습니다. 할 수만 있다면, 곁에 있는 이들에게 지금 당장 추구해 보십시오! 그로 인해 맘몬에서 벗어나고, 여러분에게서 은혜를 이어받은 사람들과 함께 바로 그곳에서부터 하나님 나라를 누려 가시길 바랍니다.

1. 최 부잣집 육훈을 읽고 어떤 생각이 들었습니까? 우리 시대에 부자라고 불리는 사람들과 무엇이 다릅니까?

2. 당신에게 하나님은 고용주와 은혜로운 아버지 중 어느 분에 더 가깝습니까?

3. 주변에 인적 소득을 잘 추구하고 있는 이들의 사례와 특징을 나누어 봅시다. 그들은 어떤 방식으로 타인에게 심리적 부채를 안기고 있습니까? 그리고 무엇을 배울 수 있습니까? (특별히 영업하는 분들을 주목해 보십시오.)

4. 인적 소득을 추구하려는 대상과 방식을 정해 보십시오. 그리고 나누어 보십시오.

은혜의 하나님, 수고한 것 없으나 먼저 모든 것을 허락하셨고, 잘한 것 없으나 먼저 우리를 자녀 삼아 주신 주님을 찬양합니다. 그러나 우리가 그 은혜를 알았음에도 수용하여 신실함으로 나아가지 못하고, 악용하며 불신실함으로 살았던 시간을 고합니다. 용서하소서. 은혜의 주님에게 안겨 신실함으로 살게 하소서. 지혜가 있길 원합니다. 무엇보다 가진 것들로 사람을 남기게 하소서. 이로써 여러 유익이 있고, 무엇보다 맘몬과 싸우게 하시며, 지금 여기 세워지는 하나님 나라를 보게 하소서. 지혜로운 자녀가 되게 하소서. 그리스도 예수 이름으로 기도합니다. 아멘.

*

일시적인 것은 당신의 필요를 섬기게 하고,
영원한 것을 갈망하라!
_토마스 아 켐피스

재물을 어떻게 사용하는지가
우리가 실제로 어떤 사람인지를 보여 준다.
_찰스 라이리

*

6장

지출1.
필요 지출

누가복음 16장 19-31절

¹⁹한 부자가 있어 자색 옷과 고운 베옷을 입고 날마다 호화롭게 즐기더라 ²⁰그런데 나사로라 이름하는 한 거지가 헌데 투성이로 그의 대문 앞에 버려진 채 ²¹그 부자의 상에서 떨어지는 것으로 배불리려 하매 심지어 개들이 와서 그 헌데를 핥더라 ²²이에 그 거지가 죽어 천사들에게 받들려 아브라함의 품에 들어가고 부자도 죽어 장사되매 ²³그가 음부에서 고통중에 눈을 들어 멀리 아브라함과 그의 품에 있는 나사로를 보고 ²⁴불러 이르되 아버지 아브라함이여 나를 긍휼히 여기사 나사로를 보내어 그 손가락 끝에 물을 찍어 내 혀를 서늘하게 하소서 내가 이 불꽃 가운데서 괴로워하나이다 ²⁵아브라함이 이르되 얘 너는 살았을 때에 좋은 것을 받았고 나사로는 고난을 받았으니 이것을 기억하라 이제 그는 여기서 위로를 받고 너는 괴로움을 받느니라 ²⁶그뿐 아니라 너희와 우리 사이에 큰 구렁텅이가 놓여 있어 여기서 너희에게 건너가고자 하되 갈 수 없고 거기서 우리에게 건너올 수도 없게 하였느니라 ²⁷이르되 그러면 아버지여 구하노니 나사로를 내 아버지의 집에 보내소서 ²⁸내 형제 다섯이 있으니 그들에게 증언하게 하여 그들로 이 고통받는 곳에 오지 않게 하소서 ²⁹아브라함이 이르되 그들에게 모세와 선지자들이 있으니 그들에게 들을지니라 ³⁰이르되 그렇지 아니하니이다 아버지 아브라함이여 만일 죽은 자에게서 그들에게 가는 자가 있으면 회개하리이다 ³¹이르되 모세와 선지자들에게 듣지 아니하면 비록 죽은 자 가운데서 살아나는 자가 있을지라도 권함을 받지 아니하리라 하였다 하시니라.

〈알쓸인잡〉(tvN)이라는 텔레비전 프로그램에서 패널 중 한 명인 소설가 김영하 씨가 한 말이 기억에 남습니다. 부모들이 어린 자녀들을 데리고 좋은 데 놀러가는 것에 대한 이야기였는데, 어차피 나중에 기억도 못하는데 이렇게 많은 돈을 들여서, 또 이렇게 고생하면서까지 다닐 필요가 있는지, 종종 돈 아깝다고 생각할 때가 있다는 말에 대해 김영하 씨는 그렇게 생각하지 말라고 대답합니다. 아이들이 자신이 간 곳의 정보를 잊는 것은 맞지만, 그 순간 느낀 감정이나 분위기, 감각은 정서적 기억으로 남아서 아이의 정서 발달에 엄청난 영향을 끼치기 때문입니다. 그의 말이 꽤 의미 있게 들렸습니다. 저 역시 그런 고민을 한 적이 있기 때문입니다.

그러고 보면 우리네 지출 목록은 역설적일 때가 많습니다. 어떤 것은 필요하다고 여겨서 지출하지만 나중에 돌아보면 아무 의미 없이 소멸될 것들이고, 또 어떤 것은 지출할 때는 아깝다고 생각하지만, 실은 그것이 진짜 지속적인 가치를 남기는 의미 있는 것들인 경우도 있습니다.

앞선 두 장에서 '수입'에 대해 다루었다면, 이번 장과 다음 장에서는 '지출'에 대해 다루려고 합니다. 우선 지출을 주제로 이야기를 나누기에 앞서, 돈에 대한 뻔한 신앙적 교훈에서 벗어나길 감히 요청해 봅니다.

아마 교회에서 이런 말을 많이 들어 봤을 것입니다. "돈으로는 행복을 살 수 없다." 맞는 말입니다. 그러나 반만 맞는 말입니다. 행복을 살 수 없다는데도, 다들 그렇게 돈에 집착하는 이유가 무엇일까요? 단언컨대 돈은 진정한 '행복'을 주지 못합니다. 하지만 (역시 단언컨대) '행복감'을 누릴 수 있는 조건들은 마련해 줍니다. 즉, 돈은 사람에게 행복을 주지 못하지만 행복감을 주고, 행복을 돕는 역할을 합니다. 이러한 명백한 진실을 굳이 신앙적 수사를 동원하면서까지 부정할 필요는 없습니다. 다만 문제는 있습니다. 사람들이 돈을 행복감의 제공자이자 행복을 위한 도우미 역할에 머물게 하지 않는다는 것, 그래서 결국 돈을 주인으로 삼는다는 것입니다. 지난 표현들을 빌리자면, 돈을 신으로 삼아 맘몬에 잠식당해 버리는 것이지요.

맘몬에 잠식당한 이들의 논리는 늘 한결같습니다. 이러나저러나 결국 "돈이 많으면 행복할 것이다"로 결론이 납니다. 그래서 이들의 관심은 늘 '얼마나', 즉 수입으로만, 그리고 그 수입의 양으로만 향합니다. 그러나 이는 애초에 잘못된 자세입니다. 자신이 바라는 만큼의 돈이 주어질 일도 없겠지만, 그 정도로 돈이 많아져 봤자, 그만큼 헛된 소비만 늘 뿐이기 때문입니다. 이처럼 소비를 통해 행복감을 얻으려고 하는 이들은 이 패턴에 잠식될수록 소비로 얻은 행복감의 지속 기간이 점점 짧아지는 흑마법을 경험하고, 결국 행복 불구자가 되어 버립니다. 자신의 믿음과 달리 돈이 오히려 자신을 불행하게

돈: 탐욕의 대상에서 사랑의 도구로

만드는 것이지요. 하지만 돈을 정말 도구로, 행복의 도우미로 여기는 이들의 전제는 다릅니다. 수입이 아니라 지출에, 그리고 '얼마나 쓸 수 있는가'가 아니라 '어떻게 사용할 것인가'에 방점을 둡니다.

나사로의 비유

이번 장의 본문인 일명 "나사로의 비유"에는 대조적인 두 인물이 등장합니다. 이름 없는 한 부자와 나사로입니다. 그저 비유일 뿐인데, 등장인물의 이름이 나오는 것이 좀 독특합니다. 우리는 아브라함과 부자가 대화하는 내용을 통해 두 인물 모두 유대인, 즉 하나님을 아는 자라는 정보를 얻을 수 있습니다. 비유는 부자에 대한 설명으로 시작합니다.

> 한 부자가 있어 자색 옷과 고운 베옷을 입고 날마다 호화롭게 즐기더라(눅 16:19).

"자색"(보라색)은 당대에 가장 비싼 염료이자, 특별히 로마 황제의 옷감 색이라는 사실에 비추어 우리는 자색 천으로 만든 부자의 옷 가격을 가늠해 볼 수 있습니다. "고운 베옷"은 속옷으로, 옷감 종류를 나타내는 일반 명사라기보다는 당시 이집트에서 생산되어 로마 제국에서 최고 명품으로 팔리던 특정 상품을 일컫는 말입니다.

한마디로 '에르메스 팬티' 같은 것을 입고 있었다고 볼 수 있겠네요. 여기까지가 이 인물에 대한 소개의 전부입니다.

그는 돈이 많은 자가 맞습니다. 그런데 이어지는 그의 소비 행태에서 돈이 그냥 많은 정도가 아니라 '정말' 많은 자라는 정보가 엿보이고, 그의 소비 품목을 통해서는 그가 자신을 부자를 넘어 '왕' 같은 자로 여기면서 이를 드러내고 싶은 욕구로 똘똘 뭉친 인물이라는 사실도 드러납니다. 이어 그가 '날마다 호화롭게 즐겼다'라는 표현을 통해서도 그 인물의 됨됨이와 삶이 드러납니다. 이어지는 나사로와의 일화에서도 드러나지만, 그 부자는 자신을 위한 소비에만 집중하는 인물이었습니다.

반면 이 비유에는 부자와 정반대 인물인 나사로가 등장합니다. 그는 이렇게 소개됩니다.

> 그런데 나사로라 이름하는 한 거지가 헌데 투성이로 그의 대문 앞에 버려진 채 그 부자의 상에서 떨어지는 것으로 배불리려 하매 심지어 개들이 와서 그 헌데를 핥더라(눅 16:20, 21).

부자가 처음부터 '부자'라고 소개되는 것과 대조적으로 나사로는 처음부터 '거지'라고 소개됩니다. 상처와 종기로 이해할 수 있는 "헌데"라는 외모 표현과 "대문 앞에 버려진 채"라는 상황 설명을 고려해 보면, 나사로는 이런 사람으로 추정됩니다. 현재 어떤 상해를 입어 스스로 움직이지 못하는 상태인데, 심지어 돈도 없습니다. 이대

돈: 탐욕의 대상에서 사랑의 도구로

로면 병으로 인한 문제 이전에 굶어 죽을 수밖에 없습니다. 이런 연유로 동네 사람들이 그를 들것에 뉘어 부자의 대문 앞에 내려놓은 것입니다.

율법대로라면 나사로와 같은 사람은 유대인들 가운데 존재할 수 없습니다. 율법에 따르면 공동체적 구호가 이루어지기 때문입니다. 그러나 유명무실입니다. 법은 있지만, 그 어떤 사회적 제도, 공동체적 보험도 제대로 운영되지 않았습니다. 게다가 나사로만 아니라 당시 웬만한 사람들은 거지나 매한가지였기에, 법을 지키고 싶어도 제코가 석자라 어차피 지킬 수가 없습니다. 누구도 나사로를 도울 수 없는 것이지요. 그나마 생존할 유일한 가능성은 나사로가 누군가의 긍휼을 얻는 것이고, 그 마을에서 유일하게 그를 도울 수 있는 사람은 그 부자였기에 사람들이 부잣집 문 앞에 갖다 놓았을 것입니다. 나사로나 나사로를 옮겨 준 사람들 모두 부자가 그를 불쌍히 여겨 부스러기라도 줄 것을 희망하면서 말이지요. 그게 최선이었습니다.

그러나 결과는 참혹했습니다. 문 앞에 놓인 나사로의 존재를 모를 수 없었으나, 부자는 그를 철저히 외면했습니다. "심지어 개들이 와서 그 헌데를 핥더라"라는 표현이 의미심장합니다. 유대인들이 부정하다고 여기는 개가 이 아픈 자의 상처를 핥아 줍니다. 그러나 사람이라 불리는 부자는 그 상처를 외면합니다. 말 그대로 개만도 못한 인간인 것이지요. 게다가 한 인간이 이렇게 비참해질 정도로 버려둔 이 사회 역시 개만도 못한 사회였습니다. 이것이 예수님 당시의 비참한 현실이었습니다.

이 냉혹한 현실 앞에서 일말의 희망을 품고 부자의 집 문 앞에 누워 있던 나사로는 좀처럼 열리지 않는 문에 괴로워하다가, 아니 담을 넘어 오는 음식 냄새와 잔치 소리에 '더' 괴로워하다가 그만 생을 마감합니다.

여기서 묻고 싶은 것이 있습니다. 과연 이 부자가 잘못한 게 있을까요? 누군가에게 피해 준 일도 없고, 자기 돈을 가지고 자기 마음대로 쓰는데 누가 뭐라 할 수 있을까요? 아마 이렇게 생각하는 사람이 많을 것입니다. '내 돈 가지고 내가 쓴다는데, 그리고 누구에게 피해 준 것도 아닌데, 왜 이래라 저래라야!' 그러나 예수님이 비유를 통해 전하시는 메시지는 분명합니다. 그렇게 살아가는 모습이 바로 맘몬에 사로잡힌 자의 전형이라고 말입니다. 그러한 지출 방식이 곧 그의 정체성인 것입니다.

> 이에 그 거지가 죽어 천사들에게 받들려 아브라함의 품에 들어가고 부자도 죽어 장사되매(눅 16:22).

나사로는 비참하게 죽었습니다. 그리고 왕처럼 살던 부자 역시 죽었습니다. 이처럼 평소에 무엇을 누리고 살았는지와 관계없이 누구든 결국 죽습니다. 왕이나 노예나 죽음 앞에 평등하고, 누구도 죽음을 피해 갈 수 없습니다. 그러나 사후 이 둘은 전혀 다른 결과를 마주합니다. 나사로는 "천사들에게 받들려 아브라함의 품에" 안깁니다. 우리가 일명 천국이라고 부르는 곳이겠네요. 그러나 부자는

돈: 탐욕의 대상에서 사랑의 도구로

지옥에 갑니다(우리가 이해하는 '지옥'과 23절에 번역된 '음부'는 개념이 살짝 다르지만, 편의상 '지옥'이라고 하겠습니다). 지옥에서 고통당하던 부자는 아브라함의 품에 안긴 나사로를 알아보고 지인 찬스를 활용하기로 합니다. 부자와 아브라함의 대화입니다.

> 불러 이르되 아버지 아브라함이여 나를 궁휼히 여기사 나사로를 보내어 그 손가락 끝에 물을 찍어 내 혀를 서늘하게 하소서 내가 이 불꽃 가운데서 괴로워하나이다 아브라함이 이르되 얘 너는 살았을 때에 좋은 것을 받았고 나사로는 고난을 받았으니 이것을 기억하라 이제 그는 여기서 위로를 받고 너는 괴로움을 받느니라(눅 16:24, 25).

부자는 아브라함에게 나사로를 보내어 물을 찍어 자신의 혀를 적셔 달라고 요청합니다. 그러자 아브라함이 거절하며 이렇게 말합니다. "기억하라!" 이는 죽기 전 삶의 정보들을 평면적으로 기억하라는 것이 아닙니다. 오히려 이는 명령이자, 다음과 같은 반문입니다. "과연 네가 그럴 자격이 있느냐? 너 역시 네 일 아니라고, '내 것 가지고 내가 맘대로 하는데 왜 참견이냐'고 하지 않았던가? 네가 믿어 온 대로, 나도 믿으련다. 너도 참견하지 마라!" 그러고는 어차피 영원한 분리이기에 자신은 그곳으로 갈 수 없다고 답합니다(26절). 그러자 부자는 요청을 바꿉니다.

이르되 그러면 아버지여 구하노니 나사로를 내 아버지의 집에
보내소서 내 형제 다섯이 있으니 그들에게 증언하게 하여 그들
로 이 고통받는 곳에 오지 않게 하소서(눅 16:27, 28).

하지만 이번에도 아브라함은 단호합니다.

아브라함이 이르되 그들에게 모세와 선지자들이 있으니 그들
에게 들을지니라(눅 16:29).

"구약 말씀이 있지 않느냐? 거기에 다 알려 주었다!"는 뜻입니다.
실제로 구약의 많은 본문은 이웃을 어찌 대해야 하는지, 특별히 가
난한 이들을 어찌 도와야 하는지를 언급하고 있습니다. 그리고 부
자의 형제들 역시 유대인으로 그 내용을 익히 다 알 것입니다. 다만
무시할 뿐이지요. 그런데 부자는 자기가 그렇게 살아와서 그들의
정신세계를 잘 아는 것인지, 포기하지 않고 또 외칩니다.

이르되 그렇지 아니하니이다 아버지 아브라함이여 만일 죽은
자에게서 그들에게 가는 자가 있으면 회개하리이다(눅 16:30).

그런데 여기서 잠깐! 제게는 이 부자의 외침이 단지 끈질긴 요청
이 아니라, 마치 이렇게 들리는 듯합니다. "아닙니다! 그걸로 충분
하지 않습니다! 당신은 인간이 알아들을 만큼 충분히 일하지 않았

돈: 탐욕의 대상에서 사랑의 도구로

습니다!" 그런데 이거 어디서 많이 들어 본 이야기 아닌가요? 우리
도 늘 이 부분에 불만이 많지 않던가요? "하나님이 충분히 일하지
않으셔서 내가 이런 것입니다!"

이르되 모세와 선지자들에게 듣지 아니하면 비록 죽은 자 가운
데서 살아나는 자가 있을지라도 권함을 받지 아니하리라 하였
다 하시니라(눅 16:31).

이에 하나님은 이렇게 답하십니다. "아니다! 이미 충분하다!" 다
시 말해, "내가 누구이고, 무엇을 원하는지, 무엇이 선이고 어찌 해
야 하는지를 알기 위해 너희에게 준 이 성경 말씀만으로도 이미
충분하다!"라고 하시는 듯합니다.

이처럼 말씀은 언제나 우리 앞에 있습니다. 우리가 그것을 외면
할 뿐입니다. 말씀대로 살 기회인 '나사로' 역시 이미 우리 앞에 놓
여 있습니다. 그러나 말씀을 외면한 것처럼, 말씀대로 살아 볼 기회
역시 우리가 외면한 것뿐입니다. 그렇다면 아브라함으로 비유된 하
나님의 대답은 거짓이 아닙니다. 정말입니다. 때문에 정말로 누군
가 부활하여서 직접 증언할지라도, 잠시 잠깐 영향은 있을지언정
아마도 그는 똑같이 살 것이 분명합니다. 이미 그 귀는 듣고 싶은
것만 듣고, 그 눈은 보고 싶은 것만 볼 테니까요. 이는 하나님이 아
니라 하나님 할아버지가 와도 마찬가지입니다.

홀로 두지 않으시는 하나님

비유는 이렇게 끝납니다. 그런데 뭔가 씁쓸하지 않은가요? 비유대로라면, 결국 이 땅에서의 삶은 복불복이기에 그냥 참고 받아들여야 하고, 그렇게 견디다 보면 죽음 이후에 보상받을 수 있다는 말처럼 들립니다. 때문에 만약 이것이 끝이라면 하나님이 불의해 보입니다.

자, 여기서도 우리의 시각이 전환되어야 합니다. 앞서 하나님은 모세와 선지자들이 이미 있다고 말씀하셨습니다. 그리고 그들이 전한 말씀은 분명히 이스라엘이라 불리는 사회가, 이스라엘로 불리는 사람들이 그들 가운데 있는 가난한 자들을 어찌 대해야 하는지를 다 알려 주었습니다.

조금 더 큰 맥락에서 볼까요? 이 책 5장에서 언급했듯이 누가복음 12장부터 본문이 속한 16장까지는 '하나님 나라'를 설명하기 위한 비유가 연달아 등장합니다. 그리고 16장 끝에 위치한 본문을 마지막으로 하나님 나라에 대한 가르침이 마무리되고, 이어지는 17-19장은 '공동체'라는 주제로 전환됩니다. 모두 개인에 몰입된 이야기는 아닌 것입니다.

사실 성경 전체는 항상 인간이 홀로 있는 존재가 아니라, 공동체로 존재한다는 것을 전제로 이야기를 전개합니다. 그런데도 개인주의 사회에 물들어 '나'라는 개인으로만 상정하여 성경을 읽어 나간다면, 우리는 결코 이 세상에서 하나님의 일하심을 발견할 수 없을 것입니다. 그렇게 한다면 세상 속에서 일하시는 하나님을 발견하기는커녕, 도리어 하나님이 불의해 보일 수밖에 없을 것이 분명합니다. '도대체 왜 나한테만 이러시는가?', '왜 충분히 일하지 않으시는가?'라는 의문만 남을 수밖에요.

그래서 이스라엘이 무너진 뒤, 찾아오신 예수님이 가장 먼저 하신 것이 하나님 나라 선포와 제자들을 부르심인 것입니다. 예수님은 한 '제자'가 아니라 '제자들', 즉 '공동체'로 부르셨습니다. 또한 모든 사역을 마치신 뒤 승천하시면서 그분이 이 땅에 남긴 것 역시 교회, 즉 '공동체'입니다. 뒤틀린 이 세상을 살다 보면 한 개인은 돌에 걸려 넘어질 수밖에 없지만, 그를 둘러싼 공동체가 존재한다면 누구라도 무너지지 않는다는 것이 공동체를 남기신 하나님의 본의입니다. 그것이 누군가 넘어지면 "그건 네 문제지!"라고만 여기는 죄의 나라와 대비되는, 이 땅에 이루어지는 하나님 나라의 정체입니다. 이처럼 공동체라는 독법으로 보면 하나님은 여전히, 계속 일하신다는 것을 확인할 수 있습니다. 이런 맥락에서 볼 때, 그 시대에도 여전히 "모세와 선지자들이 있다"는 아브라함의 발언은 하나님이 나사로와 같은 이들을 외면하시는 것이 아니라, 여전한 관심을 피력하고 계시다는 것을 알게 합니다.

하지만 이러한 주님의 뜻을 끝까지 거부한 인물이 바로 본문에 등장하는 부자입니다. 이 부자는 분명 하나님을 아는 유대인이었습니다. 또한 어떠한 범죄를 저지른 적도, 남한테 피해 준 적도 없습니다. 그럼에도 그의 결말은 지옥입니다. 모세와 선지자들을 통해 전달된 하나님의 공동체적 뜻을 외면하고, 끝까지 철저히 홀로 존재하려 했기 때문입니다. 이는 '부자'라는 정체성으로 남으려는 자들, 그 정체성으로 살려는 자들의 자연스러운 수순이기도 합니다. 타인과 엮이는 순간 손해가 막심해지고, 타인을 고려하는 순간 수익은 적어진다고 믿으니까요. 이들에게 타인은 방해입니다. 아무리 봐도 나 쓸 것도 늘 부족합니다. 이것이 바로 맘몬을 주인으로 섬기는 자, 정체성으로서의 부자로 남으려는 자들의 특성입니다.

반면 하나님은 공동체적으로 일하시는 분이고, 하나님 나라는 공동체로만 존재할 수 있는 곳입니다. 때문에 공동체적으로 일하시는 하나님의 뜻을 외면하는 자, 그래서 타인과 함께 공동체적으로 존재할 수 없는 자는 애초에 그 나라에 들어갈 수 없습니다. 그렇다면 남은 가능성은 단 하나입니다. 자신의 유익을 위해 스스로 홀로 있음을 극한까지 추구한 자들이 갈 곳은 무한한 고립으로 충만한 '지옥'뿐입니다.

이처럼 하나님은 결코 가만히 계신 것이 아니었습니다. 그러나 여전히 말끔하지 않습니다. 나사로가 고통 가운데 살다가 세상을 떠났다는 사실은 여전하니까요. 앞선 설명들로 살짝 누그러뜨릴 수 있을지언정, 여전히 하나님이 불의해 보이는 것은 막을 수 없어 보입니다. 그런데 이 의문 역시 우리가 미처 알아채지 못했을 뿐, 예수님이 비유의 주변부를 통해 답하고 계십니다. 다름 아닌 이 거지의 이름이 '나사로'라는 사실입니다.

앞서 이 이야기는 분명 비유인데 등장인물에 이름이 붙어 있는

돈: 탐욕의 대상에서 사랑의 도구로

것이 조금 독특하다고 말한 바 있습니다. 예수님은 많은 비유를 전하셨는데, 비유 속 인물에 이름이 붙은 것은 이 비유가 유일합니다. 이처럼 일반적이지 않은 독특함에는 분명히 뭔가 의미가 있을 터. 그런데 나사로라는 이 이름의 뜻이 어처구니없습니다. '하나님이 도우신다'입니다. 환장할 노릇입니다. 이건 누가 봐도 하나님이 돕지 않으시는 전형적인 상황 아닌가요? 도대체 여기 어디에서 하나님의 도우심을 읽어 낼 수 있습니까?

그렇지 않습니다. 이 역시 반대로 보아야 합니다. 부자가 아브라함을 향해 외치던 항변과 요청의 요체는 이렇습니다. "결국 당신 탓입니다. 당신이 은혜를 더 베풀었다면, 죽어서든 살아서든 지옥을 살지 않을 것 아닙니까! 고로 당신의 은혜는 충분하지 않습니다!" 그런데 이 비유에서, 아니 현실 세상에서도 하나님에게 이렇게 항변할 자격이 있는 유일한 사람을 꼽으라면, 다름 아닌 나사로일 것입니다. 그런데 역설적입니다. 자격이 전혀 없는 부자는 끝까지 소리 높여 "당신의 은혜가 충분하지 않습니다!"라고 외치는 데 반해, 이야기에서든, 현실 세계에서든 유일하게 자격 있어 보이는 나사로는 처음부터 끝까지 단 한마디도 하지 않습니다.

그렇다면 우리는 이 간접 단서를 통해 알 수 있습니다. 제3자들은 불쌍한 자를 그저 고통 가운데 두시는 하나님의 불의함에 대한 증거로, 또한 자신의 삶에 투영하여 의인을 그냥 두는 하나님을 향해 분노하는 소재로 이 나사로를 사용할 수 있지만, 정작 나사로 본인은 달랐다는 것을 말입니다. 그는 이미 지옥을 살고 있었지만, 부자가 지옥에서 끊임없이 "충분하지 않다!"고 외친 것과 달리 하나님을 원망하지 않습니다. 그 지경에서 보인 그의 침묵은 자신의 이름대로 여전히 '하나님이 도우신다'는 사실을 믿고 있었다는 방증으로 보입니다. 물론 하나님이 어떤 식으로 도우시는지는 그도 잘 모릅니다. 보이지 않으니까요. 보이는 것이라고는 오히려 자신을 돕지 않는 것 같은 조건들뿐이기에 잘 느껴지지도 않습니다. 하지만 그는 훗날 그분 품에 안겨서 모든 사실을 알게 됩니다.

> 아브라함이 이르되 얘 너는 살았을 때에 좋은 것을 받았고 나사로는 고난을 받았으니 이것을 기억하라 이제 그는 여기서 위로를 받고 너는 괴로움을 받느니라(눅 16:25).

비로소 나사로는 모든 전말을 알게 됩니다. 물론 그가 알게 된 것은 호사가들의 관심처럼 자신이 왜 그토록 고통 가운데 있었는지에 대한 이유가 아닙니다. 다만 그 고통 가운데서도 주님이 자신을 다 보고 계셨다는 것, 그리고 함께 가슴 아파하고 계셨다는 것입니다.

하나님은 맘몬 숭배자들이 판치는 세상에서 돈이 없어 받은 설움들을 방지하기 위해 분명히 공동체를 남겨 주셨습니다. 그러나 사람들이 끝까지 이를 외면하여 생겨난 아픔들을 알고 계셨습니다. 그리고 아픔과 고통에도 하나님의 도우심을 부정하지 않은 채, 끝까지 나사로, 즉 '하나님은 도우신다'로 남았던 것을 모두 보고 계셨고 아파하셨고 기억하고 계셨습니다. 그래서 훗날 모든 아픔을 위

돈: 탐욕의 대상에서 사랑의 도구로

로하시고, 다른 이들에게 그를 대변하시며, 지나온 삶에 대해 설명해 주십니다. 네 삶은 정말 의미 있는 삶이었다고.

> 이에 그 거지가 죽어 천사들에게 받들려 아브라함의 품에 들어가고 부자도 죽어 장사되매(눅 16:22).

이 구절에서 "들어가고"로 번역된 헬라어는 'A에서 B로 간다'라는 의미가 아니라, 본래 있던 위치로 '돌아간다'는 의미에 가깝습니다.

하나님이 도우신다는 것을 끝까지 믿은 자는 그간 믿은 대로의 세상으로 돌아갑니다. 그곳에서는 그분의 도우심이 막힘 없이, 또한 영원토록 주어집니다. 그리고 그는 평소 믿어 온 대로 아멘으로 답하기에 그 모든 것을 가감 없이 누리게 됩니다. 그곳이 바로 천국입니다. 그러나 언제 어디서나 "하나님이 충분히 일하시지 않는다!"라고 외치며 하나님의 도우심이 부족하다고 믿기에, 스스로 자신의 왕 됨과 부자 됨을 위해 살아야 한다고 믿은 자는 결국 그가 믿던 대로의 자리로 돌아갑니다. 다만 그전까지는 악인에게도 햇볕을 주시고 때에 따라 비를 내리시는 하나님의 도우심이 있었지만, 그곳에서는 모든 도움이 막혀 버립니다. 모든 은혜가 차단됩니다. 이웃도 없습니다. 완전한 고립과 고독 속에 홀로 모든 것을 해결해야 합니다. 그런데 그곳에서마저 그는 여전히 "충분하지 않다. 내가 이렇게 된 것은 모두 적게 준 당신 때문이다!"라고 외칩니다. 그곳이 바로 지옥입니다.

너의 지출을 기억하라

그렇다면 우리는 어찌 살아야 할까요? 하나님의 권면은 확고합니다.

> 애 너는 살았을 때에 좋은 것을 받았고 나사로는 고난을 받았으
> 니 이것을 기억하라(눅 16:25).

이 구절을 새번역 성경은 이렇게 번역합니다.

> 애야, 되돌아보아라. 네가 살아 있을 동안에 너는 온갖 호사를
> 다 누렸지만, 나사로는 온갖 괴로움을 다 겪었다.

기억하랍니다. 되돌아보랍니다. 무엇을 기억하고 되돌아보라는 것일까요? 한마디로 요약하면, 결국 자신의 '지출'입니다. 덧붙이자면, 자신만을 위해 쓴 지출, 남을 위해 절대 쓰지 않은 지출입니다. 이 비유에서 우리가 부자에 대해 되돌아볼 수 있는 정보 역시 지출뿐입니다. 그가 어떻게 지출하며 살았는지에 대한 정보밖에 없습니다. 즉, 그가 자신이 왕이자 부자라는 정체성을 알리는 데 소비하고, 타인에 대해서는 그 어떤 지출도 없었다는 정보 말입니다. 그러나 그 정도면 충분합니다. 그 안에 이미 그 자의 정체가 다 드러나 있기 때문입니다. 이것이 유일한 권면이자 우리가 해야 할 일입니다.

여러분의 지출을 되돌아보십시오. 어떻게 지출하는지가 여러분

돈: 탐욕의 대상에서 사랑의 도구로

의 정체성입니다. 그런데 많은 사람이 이 부자처럼 소비로 자신의 존재를 세우려는 태도를 고수합니다. 그래서인지 소비가 스트레스 해소의 창구가 되고, 놀이가 되고, 수고에 대한 보상이 되고, 전시물이 됩니다. 그러나 그렇게 소비하는 사람은 그 물건이 필요한 것이 아닙니다. 구매하는 '행위' 자체가 목적이 되어 버린, 그래서 이를 통해 마치 자신이 하나님이라도 된 양 느끼고 싶은 것뿐이지요. 그것은 소비가 아니라 그저 하나님 놀이입니다. 그러한 전능감을 통해 얻는 행복감은 잠깐일 뿐이기에, 계속 반복할 수밖에 없습니다.

이처럼 소비로 자신의 존재를 추구하는 것은 그만큼 자신의 텅 빈 내면을 전시하는 꼴밖에 안 됩니다. 그렇다면 어쩌라는 말인가요? 소비를 안 할 수는 없는데, 도대체 소비로 존재를 세우려는 함정에서 어찌 벗어날 수 있을까요?

이와 관련하여 제시하고 싶은 대전제는 '원함'과 '필요'를 분별해야 한다는 것입니다. '원함'은 무엇인가요? 내 욕구가 달라고 하는 것입니다. 그렇다면 '필요'는 무엇인가요? 내 인간성을 유지하기 위한 것입니다. 문제는 항상 욕구가 필요보다 강렬하게 다가온다는 것입니다. 예를 들어, 몸이 건강하려면 좋은 음식을 적당히 먹어야 합니다. 누구나 아는 사실이지요. 그런데 욕구는 더 자극적인 음식을 더 많이 먹게끔 유도합니다. 그리고 대체로 원함이 필요를 이깁니다.

소비 역시 마찬가지입니다. 내 인간성을 위해 필요한 것보다는, 당장의 내 욕구를 만족시키는 것을 소비하는 경우가 많습니다. 그런데 소비는 기본적으로 행복감을 주기에 계속 반복하게 됩니다. 그러나 장기적으로 원함의 소비가 누적된다면, 처음 의도와는 전혀 다른 결과를 마주하게 됩니다. '원함에 따른 소비'는 자신을 망가뜨리고, 고립시키며, 중독으로 이끌어서, 결국 돈을 주인 삼게 하기 때문입니다. 반대로 '필요에 따른 소비'는 자신을 건강하게 하고, 타인과 함께하게 하며, 돈을 그저 도구로, 도우미로 여기고 사용하게 합니다.

그렇다면 필요를 위한 소비, 즉 지출에는 무엇이 있을까요? 기본적인 섭생에 관련된 것부터 하나씩 분별해야 합니다. 정말 그만큼 먹어야 하는지, 그런 걸 먹어야 하는지, 정말로 그만큼 입어야 하는지 등 말입니다. 그런데 이러한 것들은 꽤 구체적이기도 하고, 개인적 편차 역시 크기에 넘어가겠습니다. 우리 관심은 그런 기본적인 필요 지출을 넘어 남은 돈, 즉 여윳돈을 어떻게 지출하는지입니다. 이 역시 "무엇은 사지 마라", "얼마 이상은 안 된다"라는 식으로 접근할 수는 없습니다. 각자 수입에 따라, 성향에 따라 상대적이기 때문입니다. 누군가에게는 스타벅스 커피 한 잔이 사치재이지만 누군가에게는 필요재이고, 같은 것도 어느 때는 사치재이지만 또 어느 때는 필요재일 수 있기 때문입니다.

다만 지출과 관련하여 반드시 전달하고 싶은 기준은 '소유'보다는 '경험'에 지출하라는 것입니다. 예를 들면, 이번 장 도입부에 언급한 아이들과의 여행이 대표적인 '경험 지출'입니다. 경험 지출에서도 우선은 '자신을 경험하기 위한 지출'이 필요합니다. 쉼을 위한

돈: 탐욕의 대상에서 사랑의 도구로

지출, 배움을 위한 지출이 그러한 것입니다. 당장 눈에 보이거나 당장 도움이 되는 것이 아니기에 자주 망각하지만, 이런 것들이 원함에 따른 지출이 아닌 필요에 따른 지출이고, 자신을 경험하기 위한 지출입니다.

그렇다면 '타인을 경험하기 위한 지출'도 있겠네요. 가족을 위한 지출이나 나사로와 같은 이들을 구제하는 나눔의 지출이 그러합니다. 여기서 오해할 수 있는데, 지금 언급한 '나눔의 지출'은 불의한 청지기 비유에서 다룬 인적 소득과는 조금 다릅니다. 둘 다 사람을 대상으로 지출하지만, 인적 소득은 심리적 부채를 남겨서 결과적으로 자신에게 소득이 되는 것입니다. 하지만 나눔 지출, 즉 일례로 구제는 받는 이에게 심리적 부채를 안기지 않게 하는 것이 핵심입니다. 내가 베푸는 것이 아니라 당신이 받을 만해서 받는 것이기에, 당신은 내게 빚진 것이 없다고 느끼게 해주어야 하는 것입니다. 전혀 다릅니다.

구제가 무슨 경험이냐고 반문할 수 있습니다. 그러나 구제를 하다 보면 나 자신이 홀로 있는 존재가 아니라, 사회 일원이자 공동체 일원이라는 경험을 얻게 되고, 내가 누군가에게 은혜를 베풀 수 있는 존재라는 경험을 얻게 됩니다. 타인 없이는 절대로 경험할 수 없는 것이 '은혜와 사랑'이니까요. 그리고 이 경험이 우리 영혼을 정화하고, 우리 영혼으로 하여금 하나님 나라를 열망하게 만들 것입니다. 이러한 사랑과 은혜로 가득한 그 나라를 말입니다.

그러나 마음먹는 것만으로 되지 않습니다. 원함보다 필요를 전제로 소유보다는 경험을 위한 지출을 하려면 원칙과 계획이 필요합니다. 원칙이 없다면 시시각각 주어지는 상황에 반응할 수 없고, 계획이 없다면 그 원칙의 우선 순위를 현실에 반영할 수 없기 때문입니다. 그러므로 우선 성경적 가르침에 따라 원칙을 세우십시오. 그리고 자신의 현재 지출을 냉철히 기록하고 분석하십시오. 그러고 나서 다시 한 번 원칙을 반영하여 재정 계획을 세우십시오. 건강한 신앙적 지출 원칙에 기반한 지출 계획은 반드시 필요합니다.

많이 줄 수 있는 자가 진정한 부자다

마지막으로 묻고 싶습니다. '부자'란 어떤 사람일까요? 사람들은 많이 가진 자를 부자로 여기지만, 사실 진정한 부자는 많이 줄 수 있는 자입니다. 많이 갖고 있지만, 혹시나 자신의 것을 조금이라도 잃어버릴까 걱정하는 자, 많이 갖고 있지만 아직 부족하다고 느끼는 자의 심리는 결국 가난한 자의 그것과 별반 다를 바 없기 때문이지요.

　많은 이가 부자가 되고 싶다고 말합니다. 그러나 제 눈에는 그게 정말 그의 꿈은 아닌 것 같습니다. 부자가 되려면 젊어서 종잣돈을 모아야 하는데, 남들 쓰는 것 다 쓰면서 부자가 될 수는 없으니까요. 부자가 되고 싶다고 말하는 이들은 실은 부자가 되고 싶은 게 아니라 부자처럼 돈을 쓰고 싶은 것 아닐까요? 이러나 저러나 애초부터 뭔가 많이 뒤틀어진 것 같습니다.

지출을 통해 자신의 정체성을 드러낸다는 것은 말처럼 쉽지만은 않습니다. 제 목회 임상을 토대로 볼 때, 지옥에서 천국으로 나아가는 전환, 즉 회심 과정에서 가장 늦게 전환되는 영역이 다름 아닌 지출이었습니다. 단순히 헌금을 말하는 것이 아닙니다. 충분히 헌금하더라도, 그 돈을 제외한 모든 돈은 자기 것이라는 마음에 자신만을 위해, 욕구의 원함을 채우기 위해 사용하는 경우가 여전히 많았습니다. 소비로 자기 존재를 세우려는 이 태도가 가장 안 바뀌고, 가장 늦게 바뀌었습니다. 그래서인지 감리교 창시자 존 웨슬리가 "진정한 회심은 호주머니가 회심할 때"라고 한 말은 적확해 보입니다.

1. 하나님은 진정으로 당신을 도우시는 분입니까?

2. 당신의 지출 경향성과 관련하여 과거에 가장 큰 영향을 끼친 주체 혹은 현재 가장 큰 영향을 끼치고 있는 주체는 무엇입니까?

3. 당신에게 '소비'란 무엇을 위함입니까?

4. '원함'과 '필요'의 기준으로 지난 한 달간 지출 내역을 되돌아봅시다.

5. '소유'와 '경험'의 기준으로 지난 한 달간 지출 내역을 되돌아봅시다.

6. 지금까지 나눈 기준을 토대로 앞으로(다음 달, 일 년)의 지출 계획을 세워봅시다.

우리를 도우시는 하나님, 해를 비추시고 비를 내리시는, 변하지 않는 하나님의 은혜를 찬양합니다. 그러나 우리는 자주 주님의 은혜가 충분하지 않다고 주장합니다. 하나님이 없는데도 날마다 즐겁고 호화롭게 사는 이들을 보노라면 원망스럽기까지 합니다. 연약함을 고하오니 긍휼히 여기소서. 우리가 하나님의 도우심으로 산다는 것을, 주님이 기억하신다는 것을 잊지 않게 하소서. 소비로 존재를 세우지 않게 하소서. 원함이 아닌 필요한 것들에 지출함으로, 돈이 나의 주인이 아닌, 행복을 주는 도구로 전환되길 원합니다. 그리고 우리 교회가 이를 돕는 공동체 되게 하소서. 그리스도 예수 이름으로 기도합니다. 아멘.

*

유대인들은 십일조를 고정적으로 바쳐야 하는 의무에 묶여 있었다.
자유가 있는 그리스도인은 그들 재산에서 십일조보다 적지 않은 양을
거리낌없이 바치며 그들의 소유 전부를 주께 맡긴다.
그들에게는 더 큰 것에 대한 소망이 있기 때문이다.
_이레나이우스

예수님의 기준과 우리의 기준은 얼마나 다른가.
우리는 얼마나 많이 드려야 하느냐고 묻지만,
예수님은 얼마나 많이 가지고 있느냐고 물으신다.
_앤드류 머레이

*

7장

지출2.
인적 지출

누가복음 11장 37-44절

³⁷예수께서 말씀하실 때에 한 바리새인이 자기와 함께 점심 잡수시기를 청하므로 들어가 앉으셨더니 ³⁸잡수시기 전에 손 씻지 아니하심을 그 바리새인이 보고 이상히 여기는지라 ³⁹주께서 이르시되 너희 바리새인은 지금 잔과 대접의 겉은 깨끗이 하나 너희 속에는 탐욕과 악독이 가득하도다 ⁴⁰어리석은 자들아 겉을 만드신 이가 속도 만들지 아니하셨느냐 ⁴¹그러나 그 안에 있는 것으로 구제하라 그리하면 모든 것이 너희에게 깨끗하리라 ⁴²화 있을진저 너희 바리새인이여 너희가 박하와 운향과 모든 채소의 십일조는 드리되 공의와 하나님께 대한 사랑은 버리는도다 그러나 이것도 행하고 저것도 버리지 말아야 할지니라 ⁴³화 있을진저 너희 바리새인이여 너희가 회당의 높은 자리와 시장에서 문안받는 것을 기뻐하는도다 ⁴⁴화 있을진저 너희여 너희는 평토장한 무덤 같아서 그 위를 밟는 사람이 알지 못하느니라.

"내게 있는 향유 옥합 주께 가져와"라는 찬양이 흘러나오면, 본능적으로 주섬주섬 주머니에서 돈을 찾습니다. 헌금을 꺼내기 위해서입니다. 저와 비슷한 세대라면 누구나 갖고 있는 예배 중 조건 반사입니다. 저는 어릴 때, 하나님에게 헌금을 드린다길래 마치 제단의 제물을 태우듯, 돈을 태우는 줄로만 알았습니다. 하지만 조금 더 커서는 돈을 태우는 게 아니라 은행에 넣는다는 것, 그리고 교회 운영 비용으로 사용한다는 것을 알게 되었습니다. 게다가 아버지가 목사님이었기에, 그 헌금을 통해 우리 집이 먹고살 돈이 온다는 사실도 알게 되었습니다. 신선한 시각의 전환들이었습니다.

20대 즈음에 읽었는데 아직까지 기억나는 책이 있습니다. 「십일조의 비밀을 안 최고의 부자 록펠러」입니다. 이 책은 인류 역사상 왕족을 제외하고 가장 큰 부를 거머쥐었다는 록펠러의 성공 비결이 그의 어머니가 남긴 유언 중 하나인, '십일조'를 철저히 했기 때문이라는 스토리와 함께 하나님에게 아낌 없이, 그리고 정확히 드려야 한다는 메시지를 전달합니다. 그런데 이 책 제목이 회자되던 시기에 한편에서는 교회에서 혹은 목사가 재정을 유용한 사건들이 들려오기 시작했습니다. 교회 분열 소식도 많이 들려왔는데, 알고 보니 분열하기까지 이른 핵심 사유는 진리 문제가 아닌, '돈' 때문인 경우가 허다했습니다. 무엇보다 일선 매체들은 연일 교회의 부패를 언급하면서, 그때마다 교회에 비치된 수많은 헌금 봉투를 클로즈업하는 장면을 연출했습니다. 정말 혼란스러웠습니다. 아마 제가 목사 아들이 아니라면, 진즉에 헌금은 제 곁을 떠났을 수도 있겠다는 생각이 듭니다. 물론 그 의문들이 고민이 되어 공부로 이어진 것 같습니다.

도대체 헌금은 무엇이고, 왜 해야 하는 것일까요? 그리고 과연 지출로써의 헌금은 꼭 필요한 것일까요?

"겉은 깨끗이 하나 속에는 탐욕이 가득하도다"

한 바리새인이 예수님을 집으로 초대했습니다. 순수한 의도는 아닌 것 같은데, 예수님은 그 불순한 의도를 다 알고 계신 것 같습니다. 그럼에도 초대에 응하시고, 심지어 일부러 보란 듯이 먹잇감을 던지십니다. 손을 씻지 않으신 것입니다. 예수님을 초대한 바리새인은 이 행동을 굉장히 이상하게 여깁니다. 손을 씻는 것은 식사 전에 물에 손을 담그는 행위를 의미하는데, 이는 당대의 경건한 유대인이라면 반드시 준수하는 '정결례'라는 신앙 예법이기 때문입니다. 그러니 당연한 이 정결례를 지키지 않는 예수님의 모습이 응당 이상할 수밖에요.

혹시 그 바리새인이 율법을 착각한 것일까요? 그렇지 않습니다. 정결례는 분명히 율법에 등장하는 법입니다. 그렇다면 예수님이 율

돈: 탐욕의 대상에서 사랑의 도구로

법을 착각하시거나 무시하신 것일까요? 그럴 리는 없습니다. 여기서 한 가지 염두에 두어야 하는 것이 있는데, 율법에 등장하는 정결례가 본래는 제사장에게만 한정된 법이라는 사실입니다(출 30:17-21). 그렇다면 제사장이 아닌 이들은 지키지 않아도 되는 것인가요? 또 그렇게 쉽게 판단할 요소는 아닐 것입니다. 현실에 존재하는 모든 것은 나름의 타당함이 있는 것일 테니까요. 그러하기에 정결례를 지키지 않은 예수님과, 그것을 지키지 않음을 보고 이상히 여기는 바리새인 사이에서 우리가 중심을 잡기 위해서는 먼저 어쩌다가 정결례가 모든 유대인의 신앙 예법이 되었는지를 살펴보아야 합니다.

우선 율법은 예수님 당시로부터도 무려 1,500여 년 전에 이스라엘 백성에게 주어진 것임을 염두에 두어야 합니다. 굉장히 오랜 시간이 흘렀고, 사람들이 율법을 지키는 터전도 매우 많이 바뀌었습니다. 그래서 율법이 주어진 이래, 율법학자들은 자신의 시대에 율법 조문을 더 잘 지키기 위해 조금씩 주석을 달기 시작했습니다. 그렇게 주석을 달기 시작한 지 1,500여 년이 흘렀으니, 얼마나 많은 주석이 달렸겠습니까? 정결례가 모두의 법이 되어 버린 것 역시 이런 맥락 아래 있습니다. 정결례를 자기 시대에 맞게 재해석하는 과정에서, 그리고 분명 처음에는 불타는 신앙적 동기에서 타당한 이유를 담아 그리하기 시작했을 것입니다.

그런데 지금 예수님이 이 당연한 규례를 전혀 지키지 않으셨습니다. 왜 그러셨을까요? 그 법과 관습을 몰라서 그러셨을 리는 없습니다. 정결례라는 율법 자체를 무시해서도 아닐 것입니다. 그렇다면 일부러 그러신, 일종의 행동 메시지로 보입니다. 이를 통해 당시 보편화된 정결례 적용이 하나님이 주신 본래 정결례 법의 뜻과는 배치된다는 메시지를 주고 싶으신 것이랄까요? 예수님은 이를 보고 수근거리는 이들에게 이렇게 말씀하셨습니다.

> 너희 바리새인은 지금 잔과 대접의 겉은 깨끗이 하나 너희 속에
> 는 탐욕과 악독이 가득하도다(눅 11:39).

정결례는 씻는 행위이기에 그 행위를 빗대어 그들을 평가하셨습니다. 외적 정결함은 매우 중요하게 여기면서 내적인 부정함은 방치하는 것에 대한 질책입니다. 이어 이를 고치기 위한 해법을 제시하십니다.

> 그러나 그 안에 있는 것으로 구제하라 그리하면 모든 것이 너희
> 에게 깨끗하리라(눅 11:41).

조금 이해하기 어려운 문장인데, 직역하면 이와 같습니다. "네 안에 있는 것과 관련해서 기부하라." 이를 이해하기 쉽게 이렇게 의역할 수 있습니다. "먼저 네 속을 불쌍히 여겨 힘껏 돕는다면, 너의 겉도 깨끗해지고 온전해질 것이다."

사실 이 본문은 정결례라는 특정한 개별 법에 대한 이야기를 별도로 다루고 있는 것이 아닙니다. 바리새인이 추구하고 가르친 율

법주의를 비판하는 맥락 가운데 놓여 있는 일화입니다. 이런 맥락까지 고려한다면 정결례에 대한 예수님의 평가와 해법을 이렇게 번안할 수 있습니다. "너희가 '형식'에만 집중하다 보니, '내용'이 썩어 가는지는 모르고 있구나. '내용'에 집중하다 보면, 어떤 '형식'을 취해야 할지도 알게 될 것이다!"

십일조의 목적

이어서 예수님은 각 절마다 "화 있을진저!"라고 시작하시면서 바리새인의 세 가지 행태를 비판하십니다. 첫 번째 비판은 바리새인들의 십일조 행태입니다. 그렇다면 우리는 자연스레 앞서 정결례처럼, 이것도 "하지 말라!"고 하실 것으로 유추할 수 있습니다. 그런데 정결례는 일부러 무시하신 분이 이번에는 조금 독특한 발언을 이어가신 것에 주목해야 합니다.

> 이것도 행하고 저것도 버리지 말아야 할지니라(눅 11:42).

십일조 법은 정결례 법과 무엇이 다르길래 이렇게 말씀하셨을까요? 그 차이를 이해하기 위해서는 십일조 법 전반을 확인해야 합니다. 이 율법의 '겉'(형식)은 무엇이고, 그것이 담고 있는 '속'(내용)은 무엇인지를 말입니다. 그러기 위해 예수님이 말씀하신 때로부터

1,500년 전으로 거슬러 올라가 보겠습니다. 처음 그 법이 주어진 때로 말입니다.

율법에는 십일조와 관련된 구절이 여기저기 등장하는데, 이를 총 세 종류로 정리할 수 있습니다(두 종류로 구분하는 학자도 꽤 있지만, 더 많은 이가 세 종류로 구분하고, 저 역시 세 종류로 구분하는 것을 지지합니다). 먼저 이른바 '제1의 십일조'입니다.

> 내가 이스라엘의 십일조를 레위 자손에게 기업으로 다 주어서
> 그들이 하는 일 곧 회막에서 하는 일을 갚나니(민 18:21).

하나님이 이스라엘 민족에게 가나안 땅을 허락하시는데, 땅에 대해 이야기하실 때마다 독특하게도 '땅은 자신의 것'이라고 반복하여 주장하십니다(레 25:23-38). 땅에 대한 소유권을 주장하시는 것이지요.

물리적인 무언가에 대해 하나님이 이렇게까지 말씀하시는 것은 유례가 없기에 상당히 독특해 보입니다. 아마도 땅은 한정적 재화인 데다 고대 사회에서 가장 기본적이고 유일한 생산 수단이기에, 이 생산 수단을 공평하게 분배하기 위해 그렇게 주장하셨을 것으로 추측됩니다. 그래서인지 그렇게까지 주장하시는 땅의 소유권을 자신이 끌어안고 계신 것이 아니라 각 지파, 각 가문마다 공평하게 배분하신 뒤, 그 땅에서 나오는 소출의 10분의 1을 토지 사용료로 내라고 하십니다. 그리고 그 돈으로 성전을 유지하기 위한 비용, 특별히 성전을

돈: 탐욕의 대상에서 사랑의 도구로

관리하고 제사를 준비하는, 즉 성전 운용을 전담하는 레위인의 생계 비용으로 쓰라고 명하십니다. 이것이 제1의 십일조의 골자입니다.

다음은 '제2의 십일조'입니다.

> 너는 마땅히 매년 토지 소산의 십일조를 드릴 것이며 네 하나님
> 여호와 앞 곧 여호와께서 그의 이름을 두시려고 택하신 곳에서
> 네 곡식과 포도주와 기름의 십일조를 먹으며 또 네 소와 양의
> 처음 난 것을 먹고 네 하나님 여호와 경외하기를 항상 배울 것
> 이니라(신 14:22, 23).

언뜻 보면 제2의 십일조는 제1의 십일조와 동일하게 보이지만, 사용처가 전혀 다르기에 별도로 구분합니다. 제2의 십일조는 레위 인들의 생계가 아니라 십일조를 드리는 자와 그의 가족, 남녀 종들, 거기에 레위인까지 참여하는 민족 공동체 전체의 식사, 즉 하나 됨을 위해 사용되었습니다. 그래서 별도의 십일조, 즉 제2의 십일조로 부를 수 있습니다.

마지막으로 '제3의 십일조'입니다.

> 매 삼 년 끝에 그해 소산의 십 분의 일을 다 내어 네 성읍에 저
> 축하여 너희 중에 분깃이나 기업이 없는 레위인과 네 성중에 거
> 류하는 객과 및 고아와 과부들이 와서 먹고 배부르게 하라 그리
> 하면 네 하나님 여호와께서 네 손으로 하는 범사에 네게 복을

주시리라(신 14:28, 29).

이는 앞의 것들과 달리 3년에 한 번 드리는 것으로, 이스라엘에 살지만 배를 곯기 쉬운 고아나 과부, 나그네가 굶어 죽는 일이 없게 하는 데 사용됩니다.

이처럼 사용처, 즉 목적에 따라 십일조는 성전과 성전 기능 유지를 위한 제1의 십일조, 공동체적 결속과 친교를 위한 제2의 십일조, 사회적 약자를 구호하기 위한 제3의 십일조로 정리할 수 있습니다.

그런데 재미있는 사실이 있습니다. 이와 같은 세 가지 십일조에 옵션으로 붙은 예외 규정까지 고려하여 수치로 환산하면, 이 비율은 대략 수입의 23퍼센트 정도로 추정됩니다. 엄밀히 말해 십일조는 '십 분의 일조'가 아닌 것이지요. 재미있는 또 한 가지 사실은 십일조라는 율법이 주어진 이래, 이 율법을 지키기 위해 사람들이 점점 주의를 기울인 것은 다름 아닌 비율, 즉 '얼마를 해야 하는가'라는 '돈의 양'이었다는 점입니다. 이런 맥락에서 제가 예언자는 아니지만, 아마도 이 글을 읽고 있는 여러분 역시 신앙 행위를 시작했을 때부터 줄곧 헌금 혹은 십일조라는 개념의 방점을 '양'과 '비율'에 두었을 가능성이 클 것입니다.

그러나 그 율법이 주어진 본래 의도는 그런 것이 전혀 아니었습니다. 처음부터 '얼마나'가 아니라 '어디에' 써야 하는가에 방점이 찍혀 있었으니까요. 십일조 법에 대한 설명에서 비율이나 양보다 사용처에 대한 내용이 대부분인 것만 보아도 틀림없습니다. 이는 앞

돈: 탐욕의 대상에서 사랑의 도구로

장에서 청지기적 정체성의 핵심이 '얼마나 쓰는가'가 아닌 '어떻게 쓰는가'라고 지적한 것과 연관됩니다. 십일조라는 지출 역시 마찬가지인 것이지요. 이 내용들에 따르면 십일조를 드리는 행위, 즉 지출은 하나님에 대한 청지기적 자세에 기반하여 결국 나만이 아니라 내가 속한 공동체를 살리기 위한 '인적 지출'로 규정할 수 있습니다.

예수님은 바로 이 율법에 자신만의 주석을 다셨습니다. 그런데 사람들이 알고 있던 주석, 그리고 그렇게 이어져 온 주석들이 내비치는 관심사와, 예수님의 것은 많이 달라 보입니다. 기존대로 '얼마'라는 숫자에 주안점을 둔 것이 아니라, '사용처'를 토대로 십일조의 의미에 주석을 다셨습니다. "공의와 하나님께 대한 사랑"(42절)이 그것입니다. 이는 성자 하나님의 주석이기에 틀림없겠네요.

우선 '공의'입니다. 우리는 이 단어를 들으면, 흔히 악을 벌하는 것을 떠올립니다. 틀린 것은 아닙니다. 하지만 그 의미는 반쪽일 뿐입니다. 진정한 정의 혹은 공의는 악을 벌하는 것만이 아닌, 악에 의해 피해를 입은 자를 회복시키는 것까지 포함하기 때문입니다. 더 나아가 성경은 징벌을 구현하는 '사법적 정의'가 아니라, 공동체를 기반으로 한 '회복적 정의'를 더 중요하게 생각합니다. 그런데 예수님은 십일조라는 율법을 주석, 즉 해설하시면서 '공의'라고 하셨습니다. 그렇다면 십일조라는 율법의 내용과 예수님의 이 해설을 토대로, 십일조가 본디 악과 고통의 문제로 어려움에 처한 이들의 회복을 위해 주신 법임을 쉽게 유추할 수 있습니다.

이런 법을 주실 수밖에 없는 의도는 분명합니다. 지금의 세상은 하나님이 만드신 본래적 세상이 아닌 타락 이후의 세상이기에, 악과 고통의 문제가 변수가 아닌 상수가 되어 버렸기 때문입니다. 여러분이 잘못한 게 없더라도, 혹 부단히 노력하며 살았더라도, 타락한 세상에서 산다는 이유만으로 당할 수 있는 것이 악과 고통의 문제입니다. 하지만 '우리'라고 불리는 공동체가 존재한다면, 악과 고통의 문제를 당한 사람도 소멸되지 않습니다. 말뿐만 아니라 연대하는 이들에게서 비롯된 실제의 물리적 지원이 부정의를 정의로, 무엇보다 회복으로 바꾸어 나갈 가능성을 엽니다. 제3의 십일조는 대놓고 그런 기능을 하고, 먹는 것을 담당하는 제2의 십일조도 어느 정도 그런 목적을 위해 주신 것임이 분명합니다. 바로 인적 지출인 것입니다.

그런데 예수님은 또 다른 목적에 대해서도 언급하셨습니다. "하나님께 대한 사랑"이 그것입니다. 인간은 그 창조 목적대로 하나님과 사랑을 나눌 때에야 비로소 참된 인간으로 존재할 수 있습니다. 그러나 안타깝게도 택함받은 이스라엘일지라도, 그리스도인일지라도 피할 수 없는 것들이 있습니다. 하나는 '죄성'입니다. 하나님을 주님으로 믿지만, 그럼에도 계속 자신을 주인으로 여기는 경향성이 작용하는 것이지요. 피할 수 없는 또 다른 문제는 '망각'입니다. 우리는 인지력의 한계로 계속 잊습니다. 이 죄성과 망각의 콜라보는 과거 아무리 큰 하나님의 은혜를 경험했더라도 결국 잊게 만들고, 다시 자신이 하나님의 자리에 앉으려는 죄성 강화의 악순환으로 나아가게 만듭니다. 이런 인간을 아시는 하나님은 그 망각과 죄성에

돈: 탐욕의 대상에서 사랑의 도구로

저항하며, 반복적으로 은혜를 기억하고 경험할 수 있는 제도를 고안하셨습니다. 바로 '성전'과 상징을 통해 메시지를 전달하는 온갖 '성전 기물', 그리고 수많은 목적의 '제사'입니다. 그리고 여기 제1의 십일조는 "하나님께 대한 사랑"을 담보하는 것들이 실제로 운용되고 유지되도록 제정된 법인 것이지요.

"이것도 행하고 저것도 버리지 말아야"

여기까지가 하나님이 주신 십일조라는 율법의 형식과 내용에 대한 최종 정리입니다. 그런데 이 십일조 법이 주어진 시점에서 무려 1,500여 년이 흐른 예수님 시대에 과연 이 율법은 어찌 적용되었을까요? 그 적용에 대해 예수님은 이렇게 비판하셨습니다.

> 화 있을진저 너희 바리새인이여 너희가 박하와 운향과 모든 채소의 십일조는 드리되 공의와 하나님께 대한 사랑은 버리는도다 그러나 이것도 행하고 저것도 버리지 말아야 할지니라(눅 11:42).

예수님이 십일조의 사례로 든 "박하와 운향과 모든 채소"의 정체는 중요하지 않습니다. 단순하게 말하자면, 이 표현의 핵심은 그저 소일거리로 텃밭에서 키운 작은 채소들의 십일조까지 따져 가며 내는 당시 십일조 문화를 비판하신 것입니다. 물론 처음부터 그렇게까지 하지는 않았을 것입니다. 십일조라는 율법을 더 잘 지키기 위한 좋은 의도로 계속 주석을 달다 보니 당시 모습처럼 되어 버렸을 뿐이지요. 여기서 중요한 것은 주석의 방향성입니다. 안타깝게도 '얼마나 많이'에 방점을 두고 주석을 달아 온 것이지요. 분명히 그 율법을 주신 하나님의 방점은 '어디에 쓰는가?', '무엇을 위해 쓰는가?'였는데, 핵심에 주목하지 못한 것입니다. 그러니 수많은 문제가 양산될 수밖에요.

특히 당시 이스라엘은 로마의 식민 지배 아래 고혈을 빨리며 최악의 경제난으로 내몰렸습니다. 예수님 당시 사회의 민중 70퍼센트가 고세율을 헌납하는 소작농 혹은 일용직 노동자에 가까웠다는 것이 정설이니까요. 이들은 십일조라는 율법을 지키고 싶어도 지킬 수 없었습니다. 이런 상황에서 이 법을 지킬 수 있는 자라면, 일상적 삶을 포기한 자이거나, 초인적 의지를 가진 자이거나, 애초에 집에 돈 좀 있는 자일 것입니다. 그런데 그러한 현실의 맥락은 전혀 고려하지 않은 채, 당장 오늘의 일용할 양식조차 걱정되는 이들에게 "박하와 운향과 모든 채소"의 십일조까지 지키라고 강변하는 현실이 비참합니다. 이런 구도에서라면 이 법을 지키는 자들은 자기 의에 빠지고, 지키지 못하는 자들은 죄책감에 휩싸이겠지요. 이러나저러나 십일조라는 율법이 오히려 하나님께 대한 사랑을 무너뜨리게 만드는 것이 당시 현실이었습니다.

그런데 이와 더불어 공의마저 무너졌습니다. 당시 유대인들은

돈: 탐욕의 대상에서 사랑의 도구로

로마가 부과한 과도한 세금에 허덕였습니다. 게다가 매국 부역 세력인 세리들이 세금 농단을 부리기까지 했습니다. 그렇게 낸 세금은 당연히 이스라엘 백성의 보편적 복지에 쓰이지 않았습니다. 이 와중에 종교 지도자들은 십일조를 강조했는데, 그 십일조는 오직 제1의 기능, 즉 성전과 성전 사역자의 것으로만 돌아갔습니다. 제2의 기능과 제3의 기능이 상실된 채, 종교 권력자들의 배만 불린 것이지요. 이보다 역설적인 게 있을까요?

본래 하나님이 주신 법의 의도대로라면, 십일조는 가난한 이들에게 복음과도 같습니다. 그들은 십일조를 드리는 자가 아니라, 오히려 모인 십일조를 통한 수혜 대상이기 때문입니다. 그러나 예수님 시대의 십일조는 도리어 양극화를 심화시켜 공동체를 파괴하는 부정의를 일으켰습니다. 결론적으로 하나님이 주신 의미, 즉 "공의와 하나님께 대한 사랑"과는 정반대로 사회적 부정의와 하나님에 대한 원망만 불러일으키는 제도로 전락해 버린 것이지요. 이런 상황임에도 지속적으로 "박하와 운향과 모든 채소의 십일조"를 강조하는 바리새인들, 그래서 화가 끝까지 오르신 예수님이 그들을 향해 "화가 있다"며 강하게 비판하신 것입니다. 그런데 이처럼 일관된 비판 논조에서도 우리가 놓쳐서는 안 되는 것이 있습니다. 이렇게까지 화를 선언하시는 와중에도 "이것도 행하고 저것도 버리지 말아야 할지니라"(42절)라고 하셨다는 사실입니다.

이런 맥락에서 예수님 시대로부터 또 엄청난 시간이 흘렀지만 지금의 우리는 이렇게 결론 내릴 수 있습니다. 정결례 같은 것은 이미 그때도 무의미했기에 지금의 우리에게 더더욱 무의미한 법이지만, 십일조는 이어 가야 한다고 말입니다. 오해하지 마십시오. 형식 그대로 수행하자는 말이 아닙니다. 우리가 이어 가야 할 것은 형식보다 그 법을 주신 이유, 즉 내용입니다. 한마디로 이 법을 수행하여 "공의와 하나님께 대한 사랑"을 물리적으로 구현하는 것입니다. 그리고 이 법을 수행하려면 언제나 그 법을 주신 의도대로 '얼마나 쓰는가'가 아니라 '어디에 쓰는가'라는 질문을 던져야 합니다.

그러나 형식 또한 필요합니다. 내용을 담을 그릇은 언제나 필요하니까요. 그래서 우리는 "3,500년 전에 주어진, 그리고 2,000년 전까지 유효하던 십일조라는 그릇이 아직도 유효한가?"라는 질문을 던져야 합니다. 확실한 사실은 그 사이에 또 엄청나게 우리의 터전이 바뀌었다는 것입니다. 처음 그 율법이 주어졌을 때는 신정 일치 사회였기에 헌금이 곧 세금 기능까지 담당하여 그 재정으로 신앙뿐 아니라 분배 정의를 구현하는 데도 사용되었습니다. 그러나 예수님 시대에 이미 신정 일치 구도가 깨져 버렸고, 현재의 우리는 분명하게 헌금과 세금을 별도로 여기고 별도로 사용하는 시대를 살고 있습니다. 신앙을 담당하는 교회와 세속 국가가 완전히 분리되어 있는 것입니다.

또 다른 큰 변화도 있습니다. 더 이상 성전이 없다는 사실입니다. 오늘날 교회가 있지만, 교회와 성전은 확연히 다릅니다. 성전은 그 안에 포함된 건물과 모든 기물이 거룩함을 부여받은 것입니다. 그 거룩성을 유지하기 위해 정말 많은 사람의 노동이 필요했고, 이

돈: 탐욕의 대상에서 사랑의 도구로

때문에 엄청난 유지비가 들었습니다. 물론 교회 역시 거룩합니다. 그러나 그 거룩성은 특정 장소나 건물, 혹은 기물이 아니라 예수님을 믿는 '사람들'에게 전이되었습니다. 때문에 교회는 물리적인 것보다 사람들 자체가 예수님을 믿고 그 안에 머물며 공동체로 존재하게 함이 핵심입니다. 그리고 성전 시대만큼은 아니지만, 교회가 존속되기 위해서도 돈이 듭니다. 교회는 상상 속의 존재가 아닌 분명한 실체가 있는 것이기 때문입니다. 이런 이유로 십일조를 이어나가되, 그 사이에 일어난 엄청난 변화를 반영하여서 내용을 담는 그릇의 모양은 좀 달라져야 할 것입니다.

청지기 헌금

이제 십일조라는 율법의 의미가 이해되시나요? 그런데 사실 지금까지 한 이런 설명이 무의미해 보입니다. 우리 시대에는 믿음 없는 이들뿐 아니라 그리스도인들조차 헌금을 부정적으로 여기는 이가 많아졌기 때문입니다. 젊은 그리스도인들은 특히 더 그러합니다.

2022년 말 즈음, 한 젊은 부부의 기부 사실이 언론에 회자된 적이 있습니다. 도대체 얼마나 기부했길래 뉴스까지 나올까 싶지만, 언론이 주목한 것은 그들의 기부 금액이 아닌 돈의 출처였습니다. 이 부부는 그리스도인으로, 펜데믹 시기에 자연스레 교회에 출석할 수 없게 되었는데, 교회에 출석하지 않은 2년간 모아 둔 헌금을 교회가 아닌 구호 단체에 기부하여 화제가 된 것입니다.

저는 이 모습이 현재 한국 교회의 현주소이자 헌금에 대한 그리스도인들의 인식이 압축된 장면으로 느껴졌습니다. 분명히 칭찬받을 만한 일화일 수 있고, 그래서 세상은 당연히 칭찬하지만, 마냥 칭찬하기는 어려운, 뭔지 모를 씁쓸함이 느껴졌습니다.

단언컨대 그렇게 기부한 젊은 부부는 아무 잘못이 없습니다. 그분들은 하나님이 자신들에게 주신 마음대로 했을 뿐입니다. 이 일화의 핵심은 애초에 개개인의 문제가 아닌, 저와 같은 목사들이, 그리고 교회들이 지금껏 헌금을 제대로 사용하지 않았기 때문에, 그래서 그리스도인들조차 교회를 온전히 믿지 못하게 되었다는 것 아닐까요? 이 역설은 결국 지금껏 헌금과 관련하여 내용보다는 형식에 치중해 왔고, '어디에 사용하는가'가 아니라 '얼마를 하느냐'에 집중해 왔기 때문에 일어난 일이라고 갈음할 수 있습니다.

단호하게 말씀드립니다. 십일조 실행 여부는 구원과 관계없습니다. 숫자를 들이대며, '세전으로 하느냐, 세후로 하느냐' 혹은 '10퍼센트냐, 아니냐' 역시 관계없습니다. 그 어떤 행위도 의로움을 만들어 내지 못합니다. 그러나 "돈 있는 곳에 네 마음이 있다"는 말씀, 무엇보다 본문에서 예수님이 언급하신, "이것도 행하고 저것도 버리지 말아야 할지니라"라고 하신 말씀을 잊어서는 안됩니다.

그리스도인의 과제는 주어진 현상이나 자신이 한 경험을 따르는 게 아닙니다. 하나님이 말씀을 통해 주신 본의를 따르는 것이 핵심입니다. 그렇다면 이런 현상 때문에 십일조 자체를 포기해 버리는

돈: 탐욕의 대상에서 사랑의 도구로

것이 아니라, 이를 추구하되 "공의와 하나님께 대한 사랑"이라는 취지대로, 즉 교회와 예배 유지, 공동체의 친교와 구제, 사회적 약자를 돕는 데 사용하는 것을 꾀하되, 변화된 사회에 맞추어 이 의미를 담을 새로운 그릇을 만들어야 하는 것이지요.

그런 의미에서 저는 이 십일조 법에 시대적 상황을 고려하여 개인적으로 달아 본 주석인 '청지기 헌금'을 제안하고 싶습니다. 청지기 헌금은 "내 소유는 하나님의 것이고 나는 대리자일 뿐"이라는 의미로, 자신이 청지기임을 고백하는 의미의 헌금입니다.

청지기 헌금이 십일조와 가장 다른 점은 비율을 특정하지 않는다는 것입니다. 청지기라는 정체성 아래, 자신의 소득과 신앙의 수준을 고려하여 수입 대비 헌금의 비율을 스스로 정해 보는 것이지요. 단, 구체적인 숫자가 없으면 딜레마에 빠질 수 있습니다. 한없이 자기 합리화를 하면서 충분히 했다고 자부하거나, 아직 충분하지 않다며 불안해할 수 있기 때문입니다. 그래서 제안하고 싶은 것은 고대부터 익숙한 숫자이자, 한국 교회에도 익숙한 숫자인 10퍼센트입니다. 우리에게 익숙한 부가 가치세만 해도 10퍼센트이지요. 지금까지 10퍼센트를 헌금해 오셨다면 그렇게 하시면 됩니다. 다만 이 '10퍼센트'가 율법 수행의 의미가 아닌, 청지기 헌금이라는 의미와 취지에 동의하여 스스로 결단한 것이 맞는지는 물어보아야 합니다. 개인적으로는 할 수만 있다면 더 많이 하면 좋겠습니다. 물론 핵심은 언제나 '얼마를 했느냐'가 아니라 '어디에 사용하느냐'입니다만, 지금껏 한국 교회 교인들이 물질적으로 헌신해 왔기에, 이토록 많은 사역이 일어났음 역시 잊어서는 안됩니다. 악한 일도 돈을 통해 일어나지만, 선한 일도 분명 돈을 통해 실현되게 마련이니까요.

그래서 여기서 제가 주목하고 싶은 것은 최대 숫자나 기준 숫자가 아닌, '최소 숫자'입니다. 가톨릭교회에서 헌금, 즉 교무금의 최소 기준으로 제시하는 3퍼센트가 최소 숫자로 정할 수 있는 가장 합리적인 비율로 보입니다. 어렵게 따질 필요 없이, 우리가 누군가의 결혼식이나 경사에 내는 축의금 혹은 부의금 정도가 그 정도로 보입니다. 현대인의 삶에서 이 정도 비율이 최소한의 의미를 담을 수 있다고 판단되기 때문에 그것을 최소 숫자로 제안해 봅니다. 하지만 중요한 것은 자신의 소득과 신앙의 수준에 따라 스스로 결단하는 것임을 다시 한 번 말씀드립니다. 그리고 한 번 정한 것으로 그치지 말고, 해마다 고심하고 기도하여 결단하고 조정해 갈 바랍니다. 또한 교회는 그것으로 제1, 제2의 십일조의 기능뿐 아니라 제3의 십일조 기능까지 감당해야 할 것입니다.

공의와 하나님께 대한 사랑을 드러내는 헌금

하나님이 명하신 십일조, 즉 헌금에 대해 정리하고, 부디 스스로 결단하여 헌금을 드리면 좋겠습니다. 다만 수입이 없으면 헌금하지 않는 것을 추천드립니다. 다시 말하지만, 그러한 이들은 도리어 헌금으로 이루어진 재정에서 지원받아야 하기 때문입니다. 마음의 준비가 안 된 분들도, 무리해서 헌금할 필요는 없어 보입니다. 상황이 안 되는데 무리해서 드린 헌금이나, 신앙적 고백이 담보되지 않은 헌금은 결국 독으로 다가올 수밖에 없습니다. 나중에 본전 생각이 나서 아깝기도 하고, 투자했는데 왜 안 돌려주냐는 마음이 들게 마련이니까요. 하지만 수입이 없거나 신앙이 없는 게 아니라면 부디 헌금에 동참하시길 바랍니다. 교회라는 유형의 자리, 자신이 소속된 곳에 대한 재정적 책임을 져야 하기 때문입니다. 그러나 거기에서 멈춰서는 안 됩니다. 우리의 헌금은 단순한 회비가 아니기 때문입니다.

대부분의 사람이 맘몬의 영 아래 허우적대는 이 자본주의 시대에 자신의 손에 든 물질을 스스로 포기하고 하나님에게 드린다는 것은 정말 큰 결단이요 신앙 고백입니다. 마음 가는 곳에 돈도 가게 마련이라는 사실을 기억하십시오. 또한 교회는 그것을 허투루 사용해서는 안 됩니다. 그런 선순환 과정을 통해 부디 "공의와 하나님께 대한 사랑"이 드러나고, 나만이 아니라 우리가 남겨지길 바랍니다. 그것이 헌금이라 불리는 인적 지출의 정체이며, 그러할 때 진정으로 인적 지출이 일구어질 것입니다.

1. 기독교적 가치보다는 돈에 이끌려 결정할 때가 얼마나 자주 있는지 돌아 보십시오. 왜 그렇게 결정했습니까?

2. '헌금' 혹은 '십일조'라는 말을 떠올릴 때, 어떤 느낌이 드십니까?

3. 헌금과 관련하여 기억나는 일화가 있습니까?

4. 당신은 어떤 이유에서 지금과 같은 방식으로 헌금하기로 결정했습니까?

5. 자신의 청지기 됨을 고백하며, 앞으로 어떻게 헌금할지를 구체적으로 정해 봅시다.

6. 자신이 몸 담고 있는 교회는 헌금을 어떻게 사용하는지 살펴봅시다. 사용처를 제안해 봅시다.

사랑과 정의의 하나님, 마르지 않는 주님의 은혜를 찬양합니다. 그러나 타락의 터전 위에 사는 우리는 망각하고, 죄성에 짓이겨져 스스로 하나님이 되려 합니다. 그래서 주님은 우리를 배려하시며, 수많은 장치를 허락하셨습니다. 그러나 잘못된 해석과 적용으로 일관하다 보니, 공의와 하나님께 대한 사랑을 얻기는커녕, 잃게 만드는 도구로 활용한 것 같습니다. 용서하소서. 형식보다 내용과 의미에 집중하게 하시며, 하나님 뜻에 공명케 하소서. 청지기로서 본분을 회복하며, 기꺼이 그 의미를 따라 시도하고 참여하게 하소서. 한국 교회가 그 의미를 구현하게 하소서. 그리스도 예수 이름으로 기도합니다. 아멘.

*

하나님이 당신에게 얼마나 많은 것을 주셨는지를 알아내고
당신에게 필요한 것을 취하라. 나머지는 다른 사람들에게 필요하다.
_아우구스티누스

우리의 '자선'이 우리를 불편하게 하거나 곤궁에 처하게 하지 않는다면,
그것은 너무 적게 베푼 것이다. 자선을 베풀기 위해
하고 싶지만 할 수 없는 것들이 있어야 한다.
_C. S. 루이스

*

8장

하나님 나라 경제, 희년

누가복음 4장 16-21절

[16]예수께서 그 자라나신 곳 나사렛에 이르사 안식일에 늘 하시던 대로 회당에 들어가사 성경을 읽으려고 서시매 [17]선지자 이사야의 글을 드리거늘 책을 펴서 이렇게 기록된 데를 찾으시니 곧 [18]주의 성령이 내게 임하셨으니 이는 가난한 자에게 복음을 전하게 하시려고 내게 기름을 부으시고 나를 보내사 포로 된 자에게 자유를, 눈먼 자에게 다시 보게 함을 전파하며 눌린 자를 자유롭게 하고 [19]주의 은혜의 해를 전파하게 하려 하심이라 하였더라 [20]책을 덮어 그 맡은 자에게 주시고 앉으시니 회당에 있는 자들이 다 주목하여 보더라 [21]이에 예수께서 그들에게 말씀하시되 이 글이 오늘 너희 귀에 응하였느니라 하시니.

이번 장 내용을 정리할 즈음, 굉장히 대조적인 상황을 마주했습니다. 교회에 처음 방문하신 분과 대화를 나누고 있었는데 그분이 우연히 제 나이를 듣더니, "나이에 비해 굉장히 젊어 보이세요!"라고 말씀하셨습니다. 지금까지 한 번도 들어 본 적 없는, 제 인생에 천연기념물과 같은 말이었습니다. 10년 전부터 이런 몽타주로 살아왔으니까요. 그때를 기준으로 앞선 2주간 아팠기에, 살이 쪽 빠져서 그렇게 보였나 싶었습니다. 기분이 엄청 좋았습니다. 그런데 바로 다음 날, 어느 수양회에 참석했는데 같은 조가 되어 대화하게 된 목사님이 계셨습니다. 눈가에 주름이 자글자글한 것으로 보아, 저보다 적어도 수년은 나이가 많아 보이셨습니다. 하지만 굳이 나이를 물을 일은 없기에, 조를 이룬 분들과 이것저것 이야기하다가 우연찮게 제 학번을 들으신 그분이 대뜸 이렇게 말씀하셨습니다. "정말 01학번 맞아요? 보기에는 나랑 동년배 같은데?"

굉장히 역설적인 상황입니다. 저는 변한 게 없었습니다. 24시간 동안 모진 세파를 정면으로 마주한 것도 아니고, 집안에 우환이 있던 것도 아니고, 지난 밤에 분명 잠도 잘 잤습니다. 분명히 어제와 같은 얼굴임에도, 불과 하루 사이에 정반대 이야기를 들은 것입니다. 도대체 누가 거짓말하는 것일까요? 아니면, 도대체 누가 믿음의 눈으로 보고 있는 것일까요?

그런데 이와 비슷한 장면이 있습니다. 일종의 경제 체제와 관련된 주장이 그러합니다. 분명 같은 성경에 근거한다는데, 전혀 다른 이야기를 합니다. 어떤 이들은 성경이 두말할 나위 없이 '자본주의'를 지지한다고 주장합니다. 전 세계 자본주의의 첨병인 미국, 그리고 그로부터 가장 큰 영향을 받은 한국의 전통적인 성도들이 주로 이렇게 이해합니다. 아마도 이 글을 읽는 분들 역시 이 견해가 그리 이상하게 다가오지 않을 것입니다. 그러나 반대 견해도 있습니다. 어떤 이들은 한국 사람들이 절대악이라고 여기는 (정치 체제가 아니라 경제 체제로서의) '공산주의' 개념이 성경과 맞닿아 있다고 주장합니다. 또한 흔히 '공산주의'와 비슷하다고 여겨지는(?) '사회주의' 역시 마찬가지입니다(이때 사회주의는 정치 체제로서 일당 독재 아래의 공산주의에 가까운 중국식 사회주의가 아닌, 유럽식 '사회 민주주의'를 일컫습니다). 실제로 이러한 '사회 민주주의'적 경제 체제를 주장하는 유럽의 많은 정당이 기독교라는 타이틀을 달고 그 경제 체제를 주장하며 국민의 지지를 받고 있습니다. 분명 같은 성경을 보고 있는데, 전혀 다른 이야기를 합니다. 도대체 어떻게 된 일이며, 어떤 주장이 맞을까요?

이제 '돈'에 대한 마지막 이야기입니다. 조금 독특하지만, 그동안 나눈 이야기들과 달리, 개인을 넘어 경제 체제에 대해 이야기하려 합니다. 한 개인이 그가 사는 터전, 즉 그 사회의 경제 체제를 전제로 돈을 벌고 쓴다는 의미에서, 돈에 관한 이야기의 마침표가 될 만하기 때문입니다.

특정 체제를 비판하거나 선전하는 장은 아니니 오해하지 마시기 바랍니다. 오히려 특정 경제 체제를 성경적이라고 주장하는 이들의 이야기를 듣다 보면, 그들은 성경의 이야기를 하기보다는, 이념적으로 경도된 상태로 성경을 빌려, 아니 특정 구절들을 빌려 그렇게 주장하는 경우가 많은 게 현실이기 때문입니다. 성경의 수많은 구절 중, 자신이 주장하는 체제를 지지하는 듯한 구절을 찾기란 그리 어렵지 않습니다. 잔악무도한 히틀러조차 성경에서 자신의 정치 철학적 정당성을 찾아냈으니까요. 이런 맥락에서 지구상에 존재하는 경제 체제 가운데 성경과 완전히 부합하는 것은 없다고 봐도 과언이 아닙니다. 타락한 인간 문명과 지혜가 만들어 낸 경제 체제는 분명 한계가 있을 수밖에 없습니다.

무엇보다 성경은 명백하게 독자적인 경제 체제를 제안하고 있습니다. 바로 '희년법'입니다. 이 법은 사실 '돈'이라는 범주나 '경제 체제'라는 범주에만 머무는 것이 아니라, 성경 전체에서 손가락에 꼽힐 정도로 중요한 내용입니다. 이 마지막 장에서는 하나님이 직접 제안하신 경제 체제인 희년법에 대해 돌아보아 그 안에 담긴 하나님의 뜻과, 그를 따르는 우리가 지향해야 할 경제적 활동의 방향을 확인해 보려 합니다.

"이 글이 오늘 너희 귀에 응하였느니라"

이번 장 본문인 누가복음 4장은 예수님이 드디어 세상 밖으로 나와 본격적으로 사역을 시작하신 이야기를 담고 있습니다. 즉 그분의 첫 사역이자, 첫 가르침인 것이지요. 누가복음이 소개하는 일종의 출마 선언문이랄까요?

예수님은 회당에 들어가셨습니다. 당시 회당에는 필사된 두루마리 성경들이 비치되어 있었습니다. 그리고 회당장이 절기력에 따라 정해진 두루마리를 펼쳐서 읽고 강론하거나, 혹은 랍비라 불리는 이가 있다면 그에게 그 역할을 맡기는 게 일반적이었습니다. 예수님도 랍비라 여겨졌기에 그 역할을 부여받으신 것이 아닐까 추정됩니다. 예수님은 이사야서가 기록된 두루마리를 건네 받으셨습니다.

그런데 흘러가는 모양새가 조금 독특합니다. 일반적으로는 그날 읽어야 할 본문이 정해져 있습니다. 그래서 회당장이 이사야서 두루마리를 주었는데, 아마 그날의 정해진 본문을 가르쳐 주었을 가능성이 큽니다. 그런데 본문은 예수님의 독특한 행동에 주목합니다.

이렇게 기록된 데를 찾으시니(눅 4:17).

즉, 의도적으로 자신이 읽고 싶은 본문을 찾으신 것으로 보입니다. 뭔가 이상합니다. 그리고 그렇게 찾으신 본문은 이렇습니다.

돈: 탐욕의 대상에서 사랑의 도구로

주의 성령이 내게 임하셨으니 이는 가난한 자에게 복음을 전하
게 하시려고 내게 기름을 부으시고 나를 보내사 포로 된 자에게
자유를, 눈먼 자에게 다시 보게 함을 전파하며 눌린 자를 자유
롭게 하고 주의 은혜의 해를 전파하게 하려 하심이라 하였더라
(눅 4:18, 19).

예수님이 읽으신 구절은 이사야 61장 1, 2절입니다. 이는 당시
유대인들에게 익숙한 구절로, 하나님이 이스라엘을 구원하려고 보
내겠다고 하신, 메시아에 대한 예언 중 하나로 받아들여지고 있었
습니다.

내용은 이러합니다. 이사야는 자신에게 거룩한 영이 임하였고,
그 거룩한 영이 자신으로 하여금 복음을 전하게 하셨다고 언급합니
다. 그렇다면 이 '복음'이란 무엇일까요? 이어지는 발언을 통해 네
가지 요소가 언급되는 것을 확인할 수 있습니다. '포로 된 자에게 자
유', '눈먼 자에게 다시 보게 함', '눌린 자를 자유롭게 함', '주의 은혜
의 해'입니다. 하나님이 이사야의 입을 빌려 훗날 이런 것들을 이룰
것이라고 예언하게 하셨다는 것이 이 예언의 골자입니다. 그런데
이사야에게 성령이 임하여 복음을 말하게 하신 지 600여 년이 지난
오늘, 예수님은 첫 일성으로 일부러 그 본문을 찾아 읽으셨습니다.
그리고 다 읽으신 뒤 두루마리를 말아 되돌려 주시며 이렇게 말씀
하십니다.

이 글이 오늘 너희 귀에 응하였느니라(눅 4:21).

예수님이 일부러 찾아 읽으신 이사야서 구절은 누구나 알고 있는 '메시아 예언'입니다. 그렇다면 지금 이 발언의 의미는 무엇인가요? 한마디로 "메시아가 왔다!"라는 선언입니다.

폭탄이 떨어졌습니다. 당시 유대인들은 이제나저제나 메시아를 기다리고 있었기에 나사렛에 사이렌이 울릴 만한 상황이지요. 그런데 놀랍게도 청중에게서는 아무 반응이 없습니다. 어찌 이런 일이 있을 수 있을까요?

그럴 수 있습니다. 마치 성경적 경제 체제는 "이것이야!"라고 단호하게 주장하는 이들처럼, 당시 유대인들은 성경이 말하는 많은 메시아 예언 중 자신이 듣고 싶은 것들만 취사 선택하였고, 그 취사 선택한 것들을 토대로 자신들이 창조해 낸 메시아상을 확립하여 추앙했습니다. 그렇게 만들어져 추앙받아 온 메시아상이란 바로 백마탄 왕, 즉 압제자 로마 제국에서 자신들을 해방시킬 칼 든 해방자였습니다. 메시아는 반드시 그런 분이어야만 했습니다. 그런데 아직 이스라엘 땅에 그런 백마 탄 왕의 소식은 들려오지 않습니다. 그들의 이러한 강박적 선이해가 "메시아가 왔다!"는 예수님의 폭탄 같은 메시지에도 아무 반응을 하지 않게 만든 것입니다.

이어지는 본문은 예수님과 메시아를 전혀 연결시키지 못하는 나사렛인들이 그 동네에서 자라난 예수님이 자신들에게 뭔가 호의적인 발언을 하지 않는 것 같자 그를 해하려 하는 장면입니다. 이렇게

돈: 탐욕의 대상에서 사랑의 도구로

"이 글이 오늘 너희 귀에 응하였느니라"라는 폭탄 발언은 어이없이 묻혀 버렸습니다.

그러나 이 본문은 매우 중요합니다. 처음에 말했듯 이것이 바로 누가복음이 전하는 예수님의 출마 선언문이자 사명 선언문이기 때문입니다. 이 본문은 예수님이라는 메시아가 누구이시고, 그분이 무엇을 하려 하시는지에 대한 누가복음의 정리입니다. 실제로 이 선언대로 훗날 그분은 "포로 된 자에게 자유를" 주셨습니다. 다만 사람들이 기대한 바와 달리 로마처럼 눈에 보이는 지배자가 아니라 '죄'라는 이면의 지배자에게서의 해방이었습니다. 또한 그분은 훗날 "눈먼 자에게 다시 보게" 함을 행하셨습니다. 실제로 보이지 않는 눈을 뜨게 하기도 하셨으나, 사람들의 눈을 열어 그동안 죄 된 세상에 가려져 볼 수 없던 하나님 나라를 보게 하셨습니다. "눌린 자를 자유롭게" 하셨습니다. 몸과 마음이 아픈 자들의 병을 고쳐 주기도 하셨지만, '죄'로 인한 악과 고통의 문제에 눌려 있는 이들을 자유롭게 하셨습니다. 그리고 마지막으로 "은혜의 해"가 언급되어 있는데, 이는 앞의 세 가지와 조금 다릅니다. 앞선 것들은 추상적이지만, '은혜의 해'는 구체적인 용어이기 때문입니다. 이것이 바로 가장 처음에 언급한 '희년법'입니다.

성경의 경제 체제, 희년법

희년법은 레위기 25장에 등장합니다. 레위기 25장은 가장 먼저 안식년에 대한 규정을 언급하고, 이어서 희년을 소개합니다. 그리고 이 모든 것은 레위기 23장에 언급된 안식일 법으로부터 출발하여 점점 확장되는 개념입니다.

'안식일'에 대해서는 많이 들어보셨을 것입니다. 하나님이 6일간 세상을 창조하시며 노동하시고, 7일째 되는 날 쉼을 가지셨기에 하나님의 형상 역시 그 하루는 하나님과의 인격적 관계 아래 몸도 마음도 온전히 '쉼'을 갖는다는 것이 안식일의 기원입니다. 그날의 일용할 양식은 하나님이 책임지십니다. 이어 '안식년'은 6년 일한 뒤 7년째 되는 해에 쉬는 것을 말하는데, 사람만이 아니라 짐승과 땅도 쉬어야 합니다. 그리고 안식일처럼 안식년에도 하나님이 그해의 먹을 것을 책임지십니다. 이로써 하나님의 형상이 거하는 곳의 모든 자연 만물은 하나님의 형상과 더불어 안식, 즉 '쉼'을 갖습니다.

문제는 이런 말씀을 마주하는 우리 대부분이 잘 쉬지 못한다는 것입니다. 인간이 쉬지 못하는 것은 미래에 대한 불안 때문일 것입니다. 그러하기에 어쩌면 안식의 핵심은 쉼 자체가 아니라 '중단'입니다. 그리고 중단의 핵심은 아무것도 하지 않음이 아니라, '스스로 운전대를 잡으려는 것'을 그치는 것입니다. 그러할 때 비로소 주인에게 집중하여 그분이 돌보시는 것을 누릴 수 있으니까요. 그것이 바로 '안식'입니다. 그리고 이 안식일과 안식년이 확장되어, 최종 완

돈: 탐욕의 대상에서 사랑의 도구로

성하는 개념으로 등장하는 것이 바로 '희년'입니다. 희년은 레위기 25장 8-12절에 등장합니다.

> 너는 일곱 안식년을 계수할지니 이는 칠 년이 일곱 번인즉 안식년 일곱 번 동안 곧 사십구 년이라 일곱째 달 열흘날은 속죄일이니 너는 뿔나팔 소리를 내되 전국에서 뿔나팔을 크게 불지며 너희는 오십 년째 해를 거룩하게 하여 그 땅에 있는 모든 주민을 위하여 자유를 공포하라 이 해는 너희에게 희년이니 너희는 각각 자기의 소유지로 돌아가며 각각 자기의 가족에게로 돌아갈지며 그 오십 년째 해는 너희의 희년이니 너희는 파종하지 말며 스스로 난 것을 거두지 말며 가꾸지 아니한 포도를 거두지 말라 이는 희년이니 너희에게 거룩함이니라 너희는 밭의 소출을 먹으리라.

이 법의 골자는 이렇습니다. '7'이라는 완전 숫자를 기준으로, 7년마다 지키는 안식년이 7번째 되는 해, 즉 7×7인 49년의 다음해인 50번째 해가 희년입니다. 희년을 지키는 형태는 세 가지입니다. '가문의 땅을 돌려받는 것', '종 된 신분에서 해방되는 것', '부채를 탕감받는 것'입니다.

이 책 7장에서 언급했듯, 하나님은 이스라엘에 가나안 땅을 허락하시면서 처음부터 끝까지 "땅은 하나님의 것"이라고 말씀하셨습니다. 근대 산업 혁명 이후 생산 수단의 축이 많이 이동했지만, 근대 이전까지 유일한 생산 수단은 토지였습니다. 그 유일한 생산 수단인 토지의 소유권을 자신에게로 돌리신 것이지요. 하지만 그분은 토지의 소유권만 주장하실 뿐, 실제로 그곳의 모든 땅을 이스라엘 모든 지파와 가문에 공평하게 분배하시고, 가문 대대로 증여할 수 있는, 일종의 '영구 임대권'을 주셨습니다. 그리고 지정된 임대료를 하나님에게 드렸는데, 이스라엘은 그 돈으로 "공의와 하나님께 대한 사랑"을 구현하는 데 사용했고, 그 외 모든 것은 맘껏 누릴 수 있었습니다. 이것이 앞 장에서 정리한 십일조 법의 골자입니다.

그런데 문제가 있습니다. 가나안 땅이라고 해서 마냥 재해가 피해 가지는 않는다는 것입니다. 직격탄으로 재해를 입은 이들은 살기 위해서라도 빚을 얻을 수밖에 없습니다. 그런데 빚을 지는 수준에서 상황을 무마할 수 없다면 어찌해야 할까요? 어쩔 수 없이 가문의 땅을 팔고 그 땅을 빌려 소출을 생산하는 소작농이 될 수밖에 없습니다. 게다가 그보다 심각한 재해라면, 답은 하나뿐입니다. 자신의 자유을 팔아서라도, 즉 누군가의 종이 되어서라도 살아야 합니다.

절망입니다. 그런데 이스라엘에는 다른 어느 나라에도 없는 특이한 법이 주어집니다. 50년마다 희년이 돌아오는 것이지요. '희년'은 히브리어로 '뿔나팔'이라는 뜻입니다. 보통 (양력 기준) 7월 10일에 지키는 대속죄일을 기준으로 희년이 선언되는데, 그날은 전국이 뿔나팔 소리로 뒤덮입니다. 그러면 어떤 일이 일어날까요? 빚진 자들은 빚을 탕감받아 그동안 빚에 눌려 있던 '정서적 존엄성'을 회복하고, 종 된 자들은 종의 신분에서 벗어나 '사회적 존엄성'을 회복하며, 땅을 상실한 자들은 땅이라는 유일한 생산 수단을 돌려받아 '물리적 존엄성'을 회복하게 됩니다. 이렇게 될 수 있는 것은 희년을 지키라는 하나님의 명령 때문입니다.

이렇듯 희년이야말로 안식이라는 개념의 최종이자 완성입니다. 하나님으로 인한 '쉼'을 넘어, 그분으로 인한 완전한 '회복'을 뜻하기 때문입니다. 이스라엘 사람이라면 누구나, 그가 어떤 사람이든, 얼마나 무너진 사람이든, 50년마다 돌아오는 이 완전한 회복을 자기 인생에 한 번쯤은 경험했을 것이 틀림없습니다.

지난 장에서 나눈 십일조라는 제도와 희년이라는 제도는 이스라엘 민족을 지탱하는 핵심적 경제 운영 방식이었습니다. 다만 두 법에는 차이가 있습니다. 우선 십일조 법은 하늘에서 뚝 떨어진 것이 아니라, 이미 고대 근동에서 꽤나 익숙한 관습이었습니다. 십일조의 사용처가 다른 나라의 것과 달랐을 뿐이지요. 그런데 희년법은 당시에도, 오늘날에도 매우 독특한 법입니다. 모든 채무가 한 방에, 그것도 반복적으로 말소되다니 정말 기괴합니다.

그렇다면 하나님이 이런 독특한 법을 주신 이유는 무엇일까요? 크게 두 가지 이유가 있는데, 하나는 '사람'을 보시는 하나님의 관점 때문입니다. 비록 사람이 타락의 당사자이고, 그래서 여전히 죄 아래 있는 존재이지만, 사람은 하나님의 형상으로 지음받은, 그래서 그 자체로 존중받아야 하는 귀한 존재입니다. 돈의 유무나 신분, 출신, 성별 등 어느 것과도 관계없이 사람은 그 자체로 존중받아야 합니다. 그런데 더 중요한 이유가 있습니다. 이 희년법은 역설적이게도 반드시 있을 '실패'를 전제로 한다는 점입니다.

하나님의 형상인 인간의 타락으로 세상은 철저히 깨어졌습니다. 그 이후 자신의 죄성 때문이든, 타인의 죄성 때문이든, 타락한 이들이 세워 놓은 문명이 만들어 낸 사회 구조의 문제든, 지진이나 가뭄, 홍수, 해일과 같은 자연재해로 인한 문제든, 버젓이 존재하는 타락의 문제로 사람은 언제든 실패하고 결핍 가운데 노출됩니다. 이처럼 우리 생에 반드시 있을 실패, 그것이 희년법의 결정적 전제이자 그 법을 주신 결정적 이유입니다. 다시 말해 지금으로부터 3,500여 년 전에 주어진 이 희년법은 언뜻 재물에 대한 이야기를 하는 듯하지만, 사실은 깨어진 이 세상에서도 끝없이 피어나는 하나님의 은혜를 이야기하고 있는 것입니다. 돈 이야기를 빌미로, 여러분은 결코 혼자가 아니라는 것을, 하나님을 믿는 이들을 통해 이 타락한 세상에서도 은혜가 구현될 수 있음을 이야기하는 것이지요.

그런데 반전이 있습니다. 과연 이 희년의 뿔나팔 소리가 모두에게 기쁨이었을까요? 아닙니다. 부자들에게는 분명 그 소리가 다르게 들렸을 것입니다. 여기서 '부자'란 이 책 2, 3장에서 언급한 것처럼 '많이 가진 자'라는 사전적 의미가 아니라, 정체성으로서의 부자, 즉 '소유로 자기 존재를 유지하려는 자'를 의미합니다. 정체성으로서의 부자들에게 희년의 뿔나팔은 귀곡성으로 들렸을 것입니다. 희년은 철저한 은혜의 징표이지만, 청지기적 정체성이 없는 이들에게 이는 은혜의 법이 아닌, 불공정 법이기 때문입니다. 당연히 화가 날수밖에요. '왜 내 것을 빼앗아 다른 이에게 주는 것인가?'

돈: 탐욕의 대상에서 사랑의 도구로

그래서 우리는 이 법이 주어진 것과 별개로 "정말 제대로 지켜졌을까?"라는 질문을 던져 볼 법합니다. 그리고 실제로는 어땠는지 모르지만, 기록만 살펴본다면 이 법은 지켜진 적이 없습니다. 분명한 것은 예수님 시대에 어쨌든 이 법이 사문화(死文化)되었다는 것입니다. 이미 관 뚜껑에 못이 박힌 것이지요. 그러나 오늘 예수님은 지금껏 사문화된 이 법을 꺼내어 읽으신 후 선언하셨습니다. "응하였느니라." 왜 이렇게 선언하신 것일까요? 메시아 예수께서 오셨기 때문입니다.

은혜의 해가 열리다

하나님은 이토록 집요하십니다. 우리 가운데 희년으로 그득한 하나님 나라를 세우고자 하시는 그 열심이 참으로 눈물겹습니다. 상상해 보십시오! 전국 방방곡곡에서 불어대는 희년의 소리, 즉 뿔나팔 소리가 퍼져 나가면서 모든 이의 달팽이관을 강하게 내리칩니다. 가슴을 청명케 하는 그 뿔나팔 소리를 상상만 해도 미칠 것 같습니다. 완전한 쉼과 안식, 회복과 충만함! 하나님 나라란 바로 그런 곳입니다. 하나님이 왕 되셔서, 매 순간 오늘이 희년인 그런 나라 말입니다. 그곳은 미래에 대한 두려움이 없는 곳, 오직 안식, 즉 '샬롬'으로만 가득한 나라입니다. 이 땅에 오신 하나님, 즉 예수님이 바로 그 은혜의 해를 여는 시작점이 되십니다.

그 해를 사는 조건은 나의 신앙적 열심이나 신앙적 의로움이 아닙니다. 그저 그 일을 위해 오신 예수님을 믿는 것입니다. 그럴 때 예수님으로 인해 우리 삶에서 미약하지만 은혜의 해가 시작됩니다. 죄의 포로 됨에서 해방되고, 도무지 소망 없어 보이는 이 세상에 이미 임한 하나님 나라가 조금씩 보이며, 죄로 인한 결핍의 문제에서 조금씩 해방되고, 진정한 쉼이 무엇인지 맛보기 시작합니다.

여기서 주목해야 할 것은 "응하였느니라"라는 헬라어 동사의 시제가 현재 완료형이라는 점입니다. 그분이 오셨기에 이미 이루어졌고, 계속 이루어져 간다는 뜻입니다. 때문에 지금은 미약하지만 더 큰 소망을 그리다가, 종말에는 완전한 희년을 누리게 될 것입니다.

잠깐! 분명 경제 체제를 이야기한다고 했는데, 이렇게 되면 추상적인 예수님의 선언을 조망하는 데 그치는 것 아닌가요? 여기 신비한 점이 있습니다. 예수님을 구주로 받아들여 그 안에 은혜의 해, 즉 하나님 나라가 시작된 자들이 어떻게 살아가는지를 이 본문의 저자인 누가는 연이어 쓴 사도행전에서 이렇게 언급합니다.

> 믿는 사람이 다 함께 있어 모든 물건을 서로 통용하고 또 재산과 소유를 팔아 각 사람의 필요를 따라 나눠 주며(행 2:44, 45).

> 믿는 무리가 한마음과 한뜻이 되어 모든 물건을 서로 통용하고 자기 재물을 조금이라도 자기 것이라 하는 이가 하나도 없더라(행 4:32).

어떤가요? 사도행전이 보여 주는, 초대 교회 중에서도 초대 시절의 모습이야말로 바로 희년이 구현된 모습 아닌가요? 아니, 희년법의 제안을 넘어선 것 같습니다. 그리스도를 믿음으로 새로운 정체성을 부여받고 성령으로 충만한 이들이 모인 교회는 누가 시키지 않았어도 사문화된 희년법, 아니 그 이상을 이 땅에서 실제로 구현해 냈음을 성경은 증언하고 있습니다. 이 은혜의 법은 경제 영역뿐 아니라 인생사 모든 곳에 적용되지만, 무엇보다 먹고사니즘의 영역까지 자연스레 적용되었다는 것을 알리고 있습니다. 내면에서부터 은혜의 해를 살다 보니, 누가 강제하지 않아도 스스로 은혜의 해를 살게 된 것이지요.

그로부터 다시 2,000년이 흐른 우리에게 이 희년법, 즉 예수님이 선언하신 '은혜의 해'는 어떤 의미일까요? 물론 십일조가 그러했듯 3,500여 년 전에 주어진 율법을 그대로 지키는 것은 무의미합니다. 그 법은 하나님의 백성 민족이라는 신정 일치제를 전제로 주어졌으나, 우리는 세속 사회를 살아가는 그리스도인이기 때문입니다. 그렇다면 2,000년 전 초대 교회의 모델을 따라야 할까요? 이 또한 적절치 않습니다. 그때는 오순절에 임한 성령의 강력한 가시적 지배와 역사 아래 일어난 일들이라는 특수성을 전제하기 때문입니다. 또한 로마가 지배한 고대 사회의 왕권 체제와 농업을 바탕으로 경제가 흘러가는 토지 중심 시대와, 민주주의와 자본주의를 기본으로 살아가는 우리 시대는 매우 다르기 때문입니다. 이러한 시공간적 맥락의 차이로 인해 희년법도, 초대 교회의 모델도 우리가 롤모

델로 바라볼 수는 있을지언정 일반화하기는 어렵습니다.

　중요한 것은 법조문이나 모델 자체가 아닙니다. 사도행전에 기록된 최초의 교회 성도에게 일어난 현상은 법을 따른 것도, 어떠한 모델을 따른 것도 아닙니다. 그저 그들이 정말 예수님 안에 있었기에, 그래서 은혜의 해를 살게 되었기에, 그들의 문화 속에서 자연스레 이루어 낸 모습입니다. 우리 역시 마찬가지입니다. 희년법과 초대 교회의 모델을 참고하고 그 의미를 발견할 뿐이지, 우리가 예수님을 온전히 믿는 가운데 은혜의 해를 살게 된다면, 우리 역시 교회 안에서만이 아니라, 우리 시대, 우리 지역, 우리 세대 속에서 돈벌이를 하고 돈을 쓰는 먹고사니즘의 자리에 이르기까지 반드시 구체적으로 영향을 끼치게 될 것입니다. 그래서 결론은 이와 같습니다. 은혜를 깊이 누리는 자가 현실에서 은혜의 해를 살고, 이웃에게 현실의 은혜의 해를 선사하게 됩니다. 다름 아닌 '돈'으로 말입니다.

회복적 정의에 동참하라

그런데 여기 주목할 만한 오류가 하나 있습니다. 예수님이 이사야 61장 1, 2절을 읽으셨다고 언급했는데, 그분이 읽으신 것 중 누락된 부분이 있다는 점입니다. 이사야서 본문은 분명 이렇게 기록되어 있습니다.

　　　　　　　　　　　　　　　돈: 탐욕의 대상에서 사랑의 도구로

여호와의 은혜의 해와 우리 하나님의 보복의 날을 선포하여 모
든 슬픈 자를 위로하되(사 61:2).

이를 기준으로 예수님이 읽으신 것을 비교해 보면, '보복의 날'이
라는 말이 누락되어 있음을 알 수 있습니다. 이는 누가복음 기록상
의 누락이 아니라 예수님이 일부러 그 부분을 읽지 않고 건너뛰신
것입니다. 보복의 날은 예수님이 처음 오신 그때가 아니라, 다시 오
시는 날 이루어질 것이기 때문이지요. 누구도 의심할 수 없게끔, 은
혜로만 충분히 적시기 위해 그동안 유예하신 이 징벌적 정의는 예
수님이 다시 오실 종말의 날에 구현될 것입니다. 하지만 예수님이
처음 오신 이때는 아닙니다. 지금은 죄를 징벌하는 '징벌적 정의'가
아니라, 죄에 짓눌린 이들을 회복하는 '회복적 정의'에 집중하겠다
는 뜻입니다. 그것이 '보복의 날'이라는 말을 일부러 읽지 않으신 예
수님의 명백한 의도입니다.

사람들은 징벌에 대해 엄청난 열망을 갖고 있습니다. 저 역시 그
러합니다. 특히 경제적 문제에 대한 불의함이 얼마나 판을 치던가
요? 이 경제 체제 아래, 권력자와 자본가들에 사로잡혀 돌아가는 이
판에 탐욕에 젖은 이들, 그리고 희생당하는지도 모른 채 희생당하
는 이들…… 보고 있으면 화만 날 뿐입니다. 하지만 그럼에도 정의
의 잣대를 늘 자신에게 돌리려는 자기 중심성에 매몰된 인간이, 그
런 죄인이 또 다른 죄인을 징벌한다는 것은 가능하지 않을 뿐더러
늘 불완전합니다. 그렇다면 징벌적 정의가 이루어지지 않는 현실을

보며 항상 분노만 하고 있을 것인가요? 아니면, 오직 살리는 데 관심이 있는 예수님의 마음에 공명하는 회복적 정의를 구현하기 위해 살 것인가요?

명백한 부정의에 저항하는 것 역시 그리스도인의 일입니다. 그러나 우리의 모든 에너지는 그보다 예수님을 따라 회복적 정의에 집중되어야 함이 마땅합니다. 그리고 이는 무엇보다 가장 크고 빠르게 영향을 끼치는 경제 영역을 통해 이루어져야 합니다. 우리가 청지기인 이유, 청지기로 해야 하는 일은 다름 아닌 그 회복적 정의에 동참하는 것입니다.

이처럼 하나님은 타락으로 죄에 짓눌린 이들, 특별히 그 짓눌림이 물리적으로도 구현된 악과 고통의 문제 앞에 그저 침묵하시지 않고 은혜의 해를 통해 안식과 회복을 기획하셨습니다. 그런데 가만 보면 그 은혜의 해의 실무자로서 희년을 이 땅에 실제로 구현해낸 것은 언제나 하나님의 사람들이었습니다. 은혜의 해를 사는 이들을 통해 회복이 일어난 것이지요. 이것이 이미 임한 하나님 나라의 경제 체제이고, 이미 임한 하나님 나라 백성이 추구해야 할 경제 원리입니다. 그리고 세상이 뭐라 하든, 우리가 고민하며 지향해야 할 삶의 방향입니다.

돈: 탐욕의 대상에서 사랑의 도구로

1. 돈을 어떻게 버는지, 얼마나 버는지, 어떻게 쓰는지, 얼마나 쓰는지에 대해 솔직하게 이야기를 나누는 사람들이 있습니까? 혹시 그런 사람들이 거의 없다면 그 이유는 무엇이라고 생각하십니까?

2. 당신의 언어로 '하나님 나라'를 정리해 보십시오.

3. 우리 사회의 경제 정의에 대해 어떻게 평가하십니까? 가장 문제가 되는 부분 혹은 가장 분노하게 되는 부분은 무엇이라고 생각하십니까?

4. 당신이 당시 이스라엘 사람이라면, 때가 되어 울려 퍼지는 희년의 뿔나팔 소리가 어떻게 들렸을지 상상해 봅시다.

5. 각자 삶의 현장(가정, 직장, 교회, 사회 등)에서 은혜의 해를 살기 위한 구체적인 결단을 나누어 봅시다.

6. 지금까지 돈에 대해 나눈 메시지에서 가장 크게 깨달은 점은 무엇이고, 가장 큰 도전 과제는 무엇입니까?

은혜의 하나님, 마르지 않는 주님의 은혜를 찬양합니다. 그러나 타락의 터전 위에 사는 우리는 다양한 이유로 실패와 결핍을 피해 가지 못합니다. 이를 위해 귀한 장치들을 허락하셨건만, 끝까지 운전대를 잡으려는 우리네 죄성이, 문화가 이를 누리지 못하게 하였습니다. 불쌍히 여기소서. 하나님의 법을 다시 봅니다. 예수님을 통해 다시 시작된 은혜의 해를 살펴봅니다. 그것이 나와 우리의 이야기가 되게 하소서. 분노로 일관하는 삶이 아니라, 예수님이 여신 그 회복의 길을 누리고 기꺼이 그 길에 동참하게 하소서. 우리 교회가 그리되게 하소서. 신음하는 땅을 위로하소서. 그리스도 예수 이름으로 기도합니다. 아멘.

에필로그

> 삶의 원리를 우리의 상황에 적용하려고 할 때,
> 부와 권력을 사랑하는 타고난 본성이 즉각적으로
> '이 경우만은 예외'라고 주장하는 것을 결코 인정해서는 안 된다.
> _윌리엄 윌버포스

"그리스도인이 로또를 해도 될까요?"

돌이켜 보면 제가 성장해 온 한국 교회 문화에서 로또, 즉 복권은 언제나 수고하지 않고 얻는 불로소득의 대표로 터부시되어 왔습니다. 한때는 주식 역시 불로소득으로 여겨 좋지 않게 보았지요. 그런데 부동산에 대해서는 부정적인 평가를 듣지 못했습니다. 어린제 눈에는 부동산을 팔아 얻는 수입 역시 별반 다르지 않아 보였기에 "부동산도 불로소득 아닌가요?"라고 묻고 싶은 생각이 들었지만, 그런 말을 하면 왠지 모르게 맞을 것 같은 기시감에 꾹 참았습니다.

"어떤 소득 수단은 해도 되고, 어떤 소득 수단은 하면 안 된다!"라는 것에 대해 이야기하기 시작하면 한도 끝도 없을 것입니다. 특히 무수한 상품이 설계되어 있고, 자고 일어나면 새로운 수입 수단이

창출되는 오늘날에는 가부에 대한 판단은 고사하고, 어떤 소득 추구의 자리가 있는지 파악하는 것조차 어렵기 때문입니다. 또한 어찌어찌해서 공부하고 연구하여 내린 그 판단이 반드시 옳다는 보장도 없습니다. 그래서 단정 지어 말하기가 쉽지 않습니다. 다만 복잡한 사례들에서 옥석을 구분하기 위해 필요한 것은 최소한의 '일관성', 그리고 그 일관성을 만들어 주는 '원칙'이 아닐까 싶습니다.

그런데 뭔가 많이 어긋난 것 같습니다. 그때나 지금이나 복권은 누가 봐도 사행성 짙은 것이기에 쉽게 비판합니다. 또한 제 학창 시절만 해도 주식이라는 수단은 일반 대중이 참여하는 장이 아니었습니다. 아주 소수의 사람과 기관만 관심을 보이는 영역이었지요. 대중에게는 전혀 친숙하지 않기에, 그래서 잘 모르기에 쉽게 비판할 수 있던 것 아닐까 싶습니다. 그러나 부동산, 즉 '집'은 달랐습니다. 살기 위해서는 모두에게 필요한 집에 대한 이야기이기에, 또한 나와 동일 선상에 있는 동네 개똥이 엄마, 철수 아빠도 집으로 돈을 벌었다기에, 너도나도 가릴 것 없이 뛰어든 것입니다.

그래서 다시 돌아가, 누군가 제게 로또를 해도 되냐고 묻는다면 저는 이렇게 말하고 싶습니다. "지금은 그런 것을 따질 때가 아닌 것 같아요. 로또에 당첨된다 한들 강남에 아파트 한 채도 못 사는데, 로또를 하시는 분들 중에 그것으로 인생 역전을 꿈꾸는 사람이 있을까요? 로또는 그냥 커피 값 아껴 할 수 있는 소시민들의 레저 같은 것 아닐까요? 그러니 좀 하면 어때요. 다만 로또 당첨되면 '교회에 헌금 많이 할게요!'라고 했던 우리 교회 성도님들, 제가 똑똑히

돈: 탐욕의 대상에서 사랑의 도구로

기억하고 있으니, 그분들이 그 약속만 지키면 됩니다!" 우리가 집중할 것은 그런 소시민들의 것, 혹은 드러난 것들이 아닙니다. 우리네 뒤틀린 경제 환경을 주름잡고 있는 거악들과, 그로 인해 인지하지도 못한 채 잠식되어 살고 있는, 뒤틀린 수입의 관행들, 그리고 남들 따라 쉽게 추구하는 소비 관행들일 것입니다. 그것이 우리 사회를 더욱 뒤틀리게 만듭니다.

무엇보다 농부가 사라진다는 사실에서 이 뒤틀림을 느낍니다. 농부는 "심은 대로 거둔다"는 가장 정직하고 정확한 문법을 지닌 직업입니다. 그러나 이 직업이 사라지고 있습니다. 기계와 기술의 발달을 이야기하는 것이 아닙니다. 이 사회의 노동에 대한 보상 체계가 단단히 잘못되어 있기 때문에 사라지고 있는 것입니다. 인간사의 진리인 "심은 대로 거둔다"라는 말을 비웃게 만드는 구조로 이 사회가 몰고 가고 있습니다. 그래서 다들 수고를 건너뛰고 보상을 추구하려 합니다. 때문에 노동이라는 말에 가장 잘 어울리는 농부들이 사라지고 있다는 것은 순리를 어긴 비상식적인 소득 추구가 점점 커지고 있다는 방증으로 보입니다. 지금 우리는 그로 인해 생겨나는 무수한 문제를 직면하고 있고, 앞으로 더 크게 직면하지 않을까 우려됩니다.

어떤 수단을 사용하든, 어떤 직업을 갖든, 우리는 수고한 대로 거두는 농부의 마음으로 돌아가야 합니다. 그리고 탐욕이 아닌, 땀 흘리는 떳떳함의 가치를 향유해야 합니다. 물론 실제 농부가 되라는 것은 아닙니다. 농부적 정체성에 의거하여, 자신의 소득 추구 현장에서 땀 흘려 일하고, 그 소득으로 소비할 것을 촉구하는 것입니다.

우리는 소비가 있어야만 유지되는 자본주의 체제에서 살고 있습니다. 소비가 존재하려면 돈이 필요하기에, 이 사회는 어떻게든 돈에 대한 원초적 욕망을 극한으로 끌어 내고 동시에 그 돈을 얻기 위한 다양한 방식을 내놓습니다. 심지어 이 시대는 돈을 더 이상 현물로 주고받지도 않습니다. 가상 공간에 숫자만 찍힙니다. 그래서 더 실감이 나지 않습니다.

우리는 이 모든 사례를 일일이 파악하고 판단할 수 없습니다. 그렇다면 결국에는 성경적 기준과 그 기준에 따른 자신만의 원칙에 근거하여 다가오는 경제 활동들을 스스로 분별하는 수밖에 없습니다. 이 책 내용을 진지하게 따라가며 질문에 답하고 고민했다면, 최소한의 토대는 마련되지 않았을까 싶습니다.

우리는 돈을 그저 도구로 보고 활용하는 하나님의 형상이자, 그리스도를 따르는 그리스도의 제자입니다. 부디 여러분에게 돈이 선을 위한 도구로 남길 바랍니다. 자신의 욕망과 세상의 부추김에 흔들리지 말고, 심지어 사회가 합법이라고 규정한 수단이나 방식조차도 그리스도인이라는 정체성에 맞추어 다시 한 번 돌아보고 확인하길 바랍니다. 부디 이 책이 조금이라도 돈에 대한 여러분의 정리와 분별에 도움이 되었길 바라며, 앞으로 다가올 여러분의 삶을 응원합니다.

돈: 탐욕의 대상에서 사랑의 도구로

돈: 탐욕의 대상에서 사랑의 도구로

초판 발행   2024년 2월 15일

지은이   손성찬
발행인   손창남
발행처   (주)죠이북스(등록 2022. 12. 27. 제2022-000070호)
주소   02576 서울시 동대문구 왕산로19바길 33, 1층
전화   (02) 925-0451 (대표 전화)
            (02) 929-3655 (영업팀)
팩스   (02) 923-3016
인쇄소   시단기획
판권소유   ⓒ(주)죠이북스
ISBN   979-11-93507-08-7 04230
            979-11-93507-07-0 04230 (세트)